책을

읽을 때

우리가

것들

책을 읽을 때
우리가 보는 것들

피터 멘델선드

글항아리

딸들에게

차례

"명제는 실재를 그린 그림이다.
명제는 우리가 상상하는 실재를 본뜬 모형이다."
— 루트비히 비트겐슈타인, 『논리철학논고』

"에르퀼 푸아로의 첫인상은 결코 못 잊을 거예요. 물론 그 뒤론 그런 모습에 익숙해졌지요. 하지만 처음 봤을 때엔 충격 그 자체였어요. …… 그때 뭘 상상했었는지 지금은 기억나지 않지만……. 물론, 그 사람이 외국인이라는 사실은 알고 있었어요. 그래도 그렇게 낯설리라고는 꿈에도 예상치 못했죠. 제 말뜻이 뭔지 아시겠어요? 당신이 봤다면 그냥 피식 웃고 말았을 거예요. 정말이지 연극 무대 혹은 그림에서나 볼 수 있는 모습이었거든요."
— 애거서 크리스티, 『메소포타미아의 살인』

"글쓰기는…… 대화의 또 다른 이름일 뿐이다. 어느 누구도 참을성 있는 사람을 만나고 자신이 나누는 얘기를 잘 알고 있다고 해도 '혼자서만 말하려' 하지 않는다. 마찬가지로 어느 작가도 올바른 예의범절과 교양의 경계가 어디까지인지 잘 알고 있다면 '혼자서만 생각하려' 하지 않을 것이다. 독자의 지성을 가장 진실하게 존중하고 있다는 태도를 보이고 싶다면 책 내용을 사이좋게 반씩 나누어 독자도 나름대로 상상할 여지를 남겨주어야 한다."
— 로런스 스턴, 『트리스트럼 샌디』

"소문만큼 잘 속이지 못하는구나. 환상, 그대 속임수에 능한 요정이여."

— 존 키츠, 「나이팅게일에게 바치는 노래」

"상상하기"를
상상하기

릴리 브리스코 이야기로 운을 떼려고 한다.

"눈은 중국 사람처럼 가느다랗고 얼굴엔 주름이 자글자글한" 릴리 브리스코는 버지니아 울프가 쓴 『등대로』에 등장하는 주요 인물이다. 화가인 릴리는 이야기가 진행되는 내내 그림을 그린다. 램지 부인이 창가에 앉아서 아들 제임스를 무릎에 앉히고 책을 읽어주는 그림을. 릴리가 집 밖 잔디밭에 이젤을 세워놓고 그림을 그리는 동안 여러 사람이 이리저리 휙휙 지나쳐간다.

릴리는 이 섬세한 작업에 몰두하는 동안 방해를 받을까봐, 집중력이 흐트러질까봐 노심초사한다. 더구나 그림에 대해 누군가가 이러쿵저러쿵 따져 물을 걸 생각하니 짜증스럽기까지 하다.

그런데 친절하고 너그러운 뱅크스 씨가 기웃거리며 릴리가 그리는 그림을 살펴본다. 그러고는 "보라색 삼각형 모양"으로 "바로 저 두 사람"을 그리고 싶은 건지 묻는다. "아무도 사람 형태라고 알아보지 못하겠지만" 그 삼각형 모양은 분명 램지 부인과 그 아들을 그리려는 의도로 보인다.

뱅크스 씨는 생각에 잠겼다. 엄마와 아이는 누구나 우러러보는 대상이고 이 경우에 엄마는 외모가 아름답다고 소문이 자자한 터인데 엄마와 아이를 보라색 그림자로 환원시킬 수도 있다는…….

엄마와 아이를 환원한다.

* * *

버지니아 울프가 쓴 소설 속에서 릴리가 그리는 그림을 우리는 결코 볼 수 없다. 단지 그림에 대하여 들을 뿐이다.

우리는 독자로서 릴리가 그리는 장면을 상상해야 한다. 그런데 여기서 우리는 두 가지를 상상해야 한다. 하나는 릴리가 그림을 그리는 장면이고 다른 하나는 릴리가 그리고 있는 그림이다.

* * *

이로써 본격적으로 운을 떼기에 적절한 지점에 이른 듯하다. 릴리가 그리는 그림과, 그 그림 속 형태 및 물감 자국과 그림자를 화제로 삼아서. 릴리가 그림을 그리는 행위는 자신 앞에 펼쳐져 있는 장면을 읽는 행위다.

나는 릴리가 그림에 담고자 하는 장면을 볼 수 없다.

나는 릴리도 볼 수 없다. 내 머릿속에서 릴리는 알아보기 힘든 상형문자다.

장면과 그 장면 속에 존재하는 인물이 흐릿하다.

그런데 이상하게도 그림을 그리는 행위만은 오히려 더, 뚜렷하게…… 다가오는 듯하다.

* * *

허구

"이 책 저 책에서 뽑아 뒤죽박죽 엉킨 산더미만 한 관념이
돈키호테의 상상력을 가득 메웠다." — 자신의 서재에서 돈키호테

책을 읽을 때 우리는 무엇을 보는 걸까?

(종이에 쓰여 있는 글씨 말고.)

도대체 마음속으로 무엇을 상상하는 걸까?

"읽기"라는 이야기가 있다.

우리 모두 이 이야기를 안다.

이 이야기는
상상에 대한,
*상상하기*에 대한 것이다.

읽기라는 이야기는 기억으로 되살아나는 이야기다. 책을 읽을 때 우리는 빠져든다. 그리고 깊이 빠져들수록 어느 순간 분석적인 이성은 책과 하나 되는 경험에서 점점 더 멀어진다. 그래서 책을 읽은 감상에 대해 서로 논할 때 우리가 실제로 나누는 말은 이미 다 읽고 난 뒤 남은 기억일 뿐이다.*

그런데 다 읽고 난 뒤 남은 이 기억은 거짓 기억이다.

---

*윌리엄 제임스는 자신의 의식을 되짚으며 곰곰이 살펴보려는 시도가 얼토당토않다며 이는 "어둠이 어떻게 생겼는지 보려고 재빨리 심지를 돋우는 꼴"이라고 말했다.

책 읽은 경험을 되돌아보면
우리가 상상하는 건
꼬리에 꼬리를 물며
펼쳐지는 상像이다.

이를테면 레오 톨스토이가 쓴
『안나 카레니나』를 읽은 기억이 난다.

　　"안나를 봤어요. 안나네 집을 봤어요……."

1

2

읽기는 영화 보기와
경험치가 비슷하다고들 여긴다.

WE SEE

VE READ!

하지만 실제로는 전혀 다르다. 영화 보기는 읽기도 아닐뿐더러
읽기와 비슷하지도 않다.

내가 "안나 카레니나를 묘사해보시오"라고 말한다면 여러분은 안나가 아름답다고 말할지도 모른다. 책을 꼼꼼하게 읽었다면 "속눈썹이 짙다"거나 몸무게가 어떻다거나 코밑에 수염이 송송 났다고 말할지도 모른다. 맞다. 코밑에 수염이 나 있다. 매슈 아널드는 "안나의 어깨, 그리고 풍성한 머리카락, 그리고 반쯤 감긴 두 눈……"에 대하여 언급한다.

그러면 안나 카레니나는 어떤 모습일까? 매우 낯익은 어떤 인물이 떠오를지도 모르겠다. 인물을 뛰어나게 묘사하면 대개 "아는 여자랑 닮았어요"라고 말하고 싶어한다. 하지만 이는 실제로 인물을 상상하는 일과는 거리가 있다. 아무것도 정해지지 않았다. 그러므로 아무것도 완성되지 않았다.

***

안나 카레니나다. 톨스토이가 작품에 묘
사한 내용에 근거해 경찰 몽타주 프로그
램을 이용해서 뽑은 모습이다. (내가 상
상하기에 안나는 머리카락이 더 곱슬곱
슬하고 더 까맣고……)

대다수의 작가는 알게 모르게 겉모습을 묘사하기보다는 행동으로 소설 속 인물을 그린다. 작가가 겉모습을 아주 뛰어나게 묘사한다 하더라도 우리한테 남는 건 여기저기 뿔뿔이 흩어진 조각을 뒤죽박죽 뒤섞어 다시 한 몸으로 조합해놓은 모습과 작가가 마음 가는 대로 쓴 세세한 묘사뿐이다. 게다가 작가는 *하나도 빼놓지 않고* 말해줄 수 없다. 우리가 틈을 메운다. 틈에 그늘을 드리운다. 틈을 얼버무리고 지나간다. 틈을 건너뛴다. 안나를 이루는 머리카락과 몸무게. 이는 몇몇 조각일 뿐이다. 이 조각 몇 개로 꾸며낼 뿐이다. 몸태도 머리카락 색깔도……. 그러니 누군가의 실제 이미지로 꾸며내지 말자. 그렇다면 *과연 안나 카레니나는 어떤 모습일까?* 모른다. 우리가 머릿속으로 그리는 모습은 경찰 몽타주보다도 못하니까.

마음으로 그리는 일은 의지가 필요한 듯 보인다.

때때로 어떤 이미지가 불청객처럼 우리 앞에 불쑥 나타나는 것처럼 보일지라도.

그런데 보잘것없더라도 꼼꼼하게 살펴볼라치면 그 이미지는 수줍은 듯 뒤로 물러난다.

여러 독자와 토론하는 자리에서 나는 마음에 드는 인물을 또렷하게 상상할 수 있는지 묻곤 한다. 독자에게 사랑받는 인물은, 윌리엄 셰익스피어의 말을 빌리자면, "구체적인 형상"을 입는다.

독자는 소설작품이 성공하려면 상상 속 인물이라 하더라도 얼마나 그럴듯한가에 달려 있다고 목소리를 높인다. 몇몇 독자는 한 걸음 더 나아가 소설을 즐길 수 있는 단 하나의 방법은 주인공을 손에 잡힐 듯 쉽게 그릴 수 있는지 없는지라고 넌지시 말하기도 한다.

그러면 나는 묻는다.
"마음속으로 안나 카레니나의 모습이 어떤지 그릴 수 있다고요?"

여기저기서 말한다.
"물론이죠. 바로 내 앞에 서 있는 것처럼요."
"그럼 코가 어떻게 생겼어요?"
"아직까지 생각해본 적은 없지만, 지금 생각해보니, 사람이라면 코가 달려 있긴 할 텐데 가만있자 코가……"
"잠깐만요. 제가 묻기 전에는 어떻게 상상했었나요? 코가 아예 없는 사람으로 상상했나요?"
"글쎄요, 그게……"
"눈썹이 짙은가요? 앞머리를 싹둑 잘랐나요? 몸무게는 얼마쯤 나가나요? 구부정한가요? 잔주름이 있나요?"

(엄청 따분한 작가만이 인물에 대해 시시콜콜 다 늘어놓을 뿐이다.*)

***

*톨스토이가 안나의 손은 가느다랗다고 말하는 장면은 전혀 따분하지 않다. 그런데 상징적으로 보이는 이 묘사는 톨스토이한테 어떤 의미를 지닐까?

어떤 독자는 오로지 책을 읽는 동안에만 등장인물을 완전무결하게 상상할 수 있다고 딱 잘라 말하기도 한다. 이 말을 믿진 않지만 등장인물에 대한 이미지가 어렴풋한지 그렇지 않은지는 자못 궁금하다. 눈으로 본 기억도 대개 어렴풋하기 마련이니까.

***

사고 실험을 하나 해보자. 어머니를 상상해보자. 그리고 가장 좋아하는 소설 속 인물을 상상해보자. (아니면 고향 마을을 상상한 다음 '하워즈 엔드'를 상상해보자.) 어머니와 좋아하는 소설 속 인물을 비교해보고 그 잔상이 다르다면 더 집중해보자. 집중할수록 어머니의 모습이 더 뚜렷해진다. 소설 속 인물은 쉽사리 모습을 드러내지 않는다. (가까이 다가갈수록 멀리 도망가버린다.)

(솔직히 심심풀이로나 삼을 일이지만, 어떤 얼굴을 소설 속 인물에 억지로 꿰맞추면 인상이 또렷하게 떠오르기보다는 서로 충돌만 일으킨다. 그러다가 결국 내가 아는 누군가를 상상하는 걸로 마무리된다.* 그리고 나면 이런 생각이 든다. '안나가 아니잖아!')

*얼마 전에 소설을 읽으면서 어느 순간 어떤 인물을, 그러니까 '두 눈 사이가 먼' 사교계 여성을 또렷하게 '보았다'고 생각한 적이 있다. 시간이 흐른 뒤에 그때 내가 상상한 인물을 꼼꼼히 들여다보면서 결국 나이 지긋한 할머니 친구 몸에 동료 얼굴을 갖다 붙인 모습이라는 걸 깨달았다. 초점을 또렷이 맞추고 나니 썩 보기 좋은 모습은 아니었다.

종종 좋아하는 소설 속 주인공의 모습을 묘사해보라고 요구하면 이 인물이 공간을 어떻게 움직이는지를 말하기도 한다. (그런데 소설 속에서 일어나는 일은 대개 다 미리 짜놓은 것이다.)

윌리엄 포크너가 쓴 『소리와 분노』에 등장하는 벤지 콤프슨은 "쿵쿵거리며 몸을 제멋대로 움직이고……"라고 어떤 독자가 말했다.

그래서 벤지 콤프슨은 모습이 어떻다는 말일까?

***

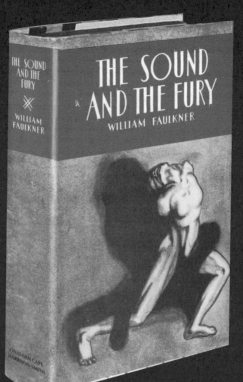

소설 속 인물은 모습이 어렴풋하다. 몇 가지 특징만 있을 뿐이다. 이 특징은 그다지 중요해 보이지 않는다. 아니, 오히려 인물이 지닌 *의미*를 세세하게 다듬는 데 도움이 될 때에만 중요하다. 인물 묘사는 경계를 짓는 작업이다. 그리고 인물이 지닌 특징은 경계를 짓는 데 도움을 준다. 하지만 이 특징이 한 사람을 온전히 그리는 데에는 도움이 안 된다.*

***

엄밀히 따져보면 우리를 상상의 세계로 초대하는 건 글에서 설명하지 않는 부분이다. 스스로에게 물어본다. 작가가 가장 많이 생략하거나 감출 때 독자는 가장 왕성하고 생생하게 상상하는 걸까?

(음악도 음표나 화음으로 생각을 분명히 드러내지만 쉼표 또한 그렇다.)

*아니면 포괄적으로 그리는 태도는 인물의 정체성을 세우는 데 중요한 요소가 아니라는 걸까?

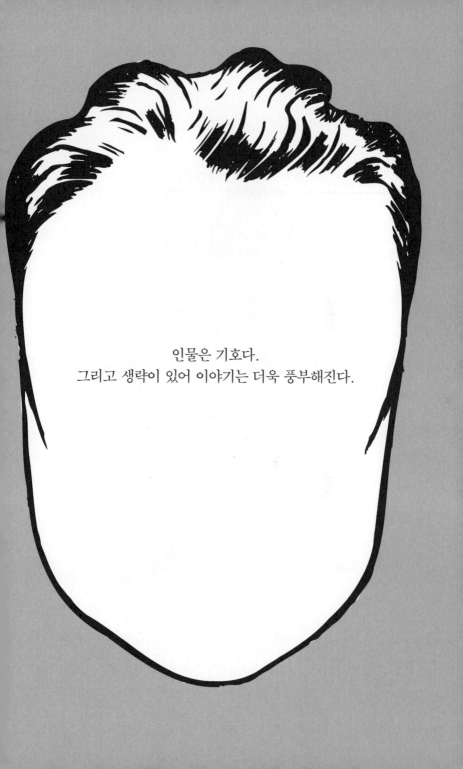

인물은 기호다.
그리고 생략이 있어 이야기는 더욱 풍부해진다.

윌리엄 개스는 헨리 제임스의 『사춘기』에 등장하는 캐시모어 씨에 대해 이렇게 말한다.

> 우리는 캐시모어 씨에 대해 다른 문장을 덧붙여 얼마든지 상상할 수 있다. …… 이제 질문을 하나 해보자. 캐시모어 씨는 어떤 사람일까? 내가 할 수 있는 대답은 이렇다.
> 캐시모어 씨는 (1) 소리다. (2) 어울리는 이름이다. (3) 여러 가지 생각이 복잡하게 얽혀 있는 체계다. (4) 작가가 지배하는 인식이다. (5) 언어로 된 유기체를 표현하는 도구다. (6) 언급한 내용을 그럴듯하게 꾸며놓은 형식이다. (7) 언어가 지닌 힘의 원천이다.

이와 똑같은 말을 다른 인물한테도 할 수 있다. 같은 책에 나오는 난다에 대해서도, 안나 카레니나에 대해서도. 그런데 안나가 브론스키한테 불가항력적으로 마음이 끌렸다는 사실이, 안나가 결혼을 걸림돌로 여겼다는 사실이 안나의 "체격이 크다"는 단순한 형태학적 사실보다 더 중요한 의미를 띠지 않을까?

글로 그린 허구세계 속에서는 사람이건 사물이건 결국 인물이 어떻게 행동하느냐가 중요하다. (비록 "쿵쿵거리며 몸을 제멋대로 움직이고……" 하더라도.)

우리는 소설 속 인물이 눈에 보인다고 여기지만 그 인물은 일련의 규칙에 더 가까우며 어떤 특정한 결과물을 낳는다. 인물이 지니는 신체적 특징은 장식용일지 모르지만 그 특징은 인물에 의미를 부여하기도 한다.

(도대체 '보기'와 '이해하기'는 서로 어떻게 다를까?)

(안●카●브●도)ㄱ

[(안∪브) ┣ ─ 기]

안 = 안나는 젊고 아름답다, "손이 가느다랗다", 상냥하며 통통하다, 얼굴이 창백하고 부끄럼을 잘 탄다, 검은 머리카락은 숱이 많고 곱슬곱슬하다 등등.

카 = 카레닌은 늙고 추하다.

브 = 브론스키는 젊고 잘생겼다.

도 = 도덕. 19세기 러시아에서는 혼외정사를 비난한다. 특히 여자라면 더욱더 비난의 대상이 된다.

기 = 안나는 기차에 치여 죽는다.

'안' '카' '브' = 안나, 카레닌, 브론스키

카레닌의 귀 이야기를 해보자……

카레닌은 안나 카레니나의 오쟁이 진 남편이다.

카레닌의 귀는 클까, 아니면 작을까?

> 기차가 페테르부르크에 서자마자 안나는 기차에서 내렸다. 안
> 나의 눈길이 맨 처음 간 사람은 남편이었다. 안나는 무뚝뚝하고
> 위압적인 남편을 보면서 이런 생각이 들었다. '어머, 세상에! 귀
> 가 왜 저렇게 생겼을까?' 더군다나 둥근 모자 테를 떠받치고 있
> 는 모습을 보는 순간 두 귀가 안나에게 그대로 박혀버렸다……

카레닌의 귀는 안나가 품는 불평불만에 비례해 점점 더 자란다. 따
라서 이 두 귀는 카레닌의 모습에 대해 아무것도 알려줄 수 없다.
대신 안나가 느끼는 감정에 대해 꽤 많이 알려줄 뿐이다.

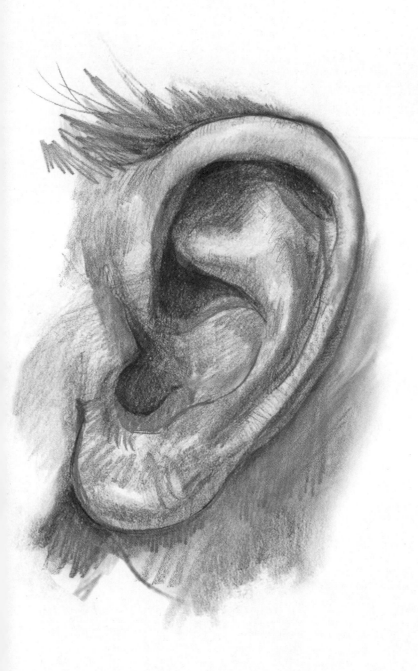

"내 이름은······

이스마엘이야."

허먼 멜빌이 쓴『모비딕』의 첫 줄을 읽을 때는 어떨까?

누군가가 말을 건네오고 있다. 하지만 누가? 말을 건넨 사람을 상상하기도 전에 (마음속 귀에) 이 말이 먼저 들렸을 가능성이 크다. 이스마엘의 얼굴이 그려지기보다는 이스마엘의 말소리가 더 뚜렷하게 들린다. (청각은 시각이나 후각과 비교하면 신경계가 다르게 작용한다. 그리고 책을 읽는 동안 우리는 눈으로 보기보다는 귀로 더 잘 듣는 건 아닐까 싶기도 하다.)

그래도 이스마엘의 이미지를 억지로 떠올린다면 무엇이 그려질까? 어떤 뱃사람? 그러면 이 뱃사람은 그림으로 그려질까? (아니면 범주로 그려질까?) 존 휴스턴 감독이 원작을 각색한 영화「백경」에 등장하는 배우 리처드 베이스하트를 상상한 건 아닐까?

(자신이 좋아하는 책을 각색한 영화를 볼 때에는 영화 속 배우가 책 속 인물로 영원히 뇌리에 남는다는 사실에 대해 *매우 조심스럽게 주의를 기울여야 한다. 사실 꽤 위험한 요소니까.*)

***

여러분이 상상하는 이스마엘의 머리카락은 무슨 색깔인가? 곱슬곱슬한가, 아니면 곧은가? 키는 여러분보다 큰가? 또렷하게 상상할 수 없다면 소개 글이나 "주인공—일인칭 화자"라는 말이라도 구색에 맞춰 붙여볼까? 어쩌면 이것만으로도 충분할지 모른다. 마음속에 이스마엘에 대한 느낌이 떠오를 수도 있으니까.—하지만 이스마엘을 직접 보는 것과는 사뭇 다르다.

허먼 멜빌은 이스마엘에 대해 어떤 구체적인 이미지를 떠올렸는지도 모른다. 멜빌이 바다에서 보낸 몇 년 동안 알고 지냈던 누군가와 비슷할지도 모른다. 그렇다고 멜빌이 그린 이미지가 곧 우리가 그린 이미지가 될 수는 없다. 이스마엘을 빼어나게 설명했든 안 했든 상관없이 책을 읽어나가면서 우리는 스스로가 그린 이스마엘의 이미지를 거듭 고쳐나갈 가능성이 크다. (나는 『모비딕』을 세 번이나 읽었는데도 멜빌이 이스마엘의 신체적 특성을 어떻게 묘사했는지 기억이 잘 나지 않는다.) 우리는 소설에 등장하는 인물을 마음속으로 그리며 그 인물을 되풀이하여 검토하고 생각한다. 수정하고 되짚어 확인하며 정보가 새로 나타나면 덧붙이고……

이스마엘이라고 여긴 얼굴은 그날 기분이 어땠느냐에 따라 그 모습이 다를 수 있다. 타슈테고가 스터브와 전혀 다르게 보이듯 이스마엘도 장章마다 달리 보일 수 있다.

다구

퀴퀘그

타슈테고

이따금 연극에서 여러 배우가 하나의 역할을 연기하기도 한다. 이런 경우 여러 배우로 인해 연극을 보는 관객한테 인지 부조화가 생기는 건 분명하다. 하지만 소설 한 권을 다 읽고 난 뒤에 그 소설에 등장하는 여러 인물을 되짚어보면 배우 한 명이 여러 역할을 연기한 것처럼 여겨진다. (이야기에서 다수의 '인물'은 심리적으로 복잡하게 읽힌다.)

**

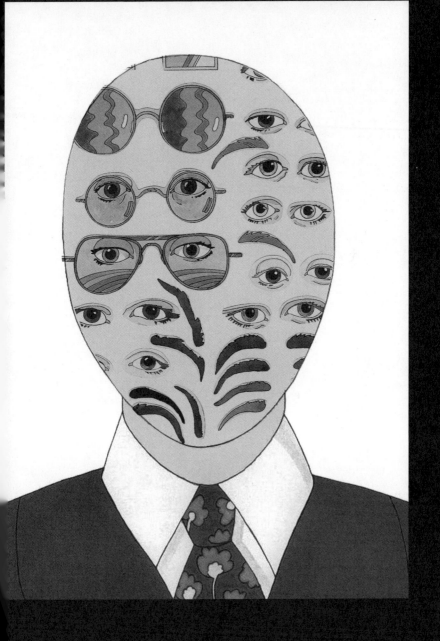

질문 하나. 잘 알다시피 귀스타브 플로베르가 쓴 『마담 보바리』에서는 이야기를 진행하는 과정에서 주인공 엠마 보바리의 눈동자 색깔이 바뀐다. 파란색이었다가 갈색이었다가 짙은 검은색이었다가……. 그런데 이 문제가 중요할까?

그다지 중요해 보이지 않는다.

***

"소설가가 여인의 눈동자에 대해 꼭 언급해야 할 때면 안쓰러운 마음이 듭니다. 선택할 여지가 별로 없기 때문이지요…… 눈동자가 파란색이라면 순진하고 정직합니다. 검은색이라면 열정적이며 속이 깊고요. 초록색이라면 제멋대로에다 질투심이 많지요. 갈색이라면 믿음직스럽고 사리가 올바릅니다. 눈동자가 보라색이라면 레이먼드 챈들러가 쓴 소설 같을 거예요."

— 줄리언 반스, 『플로베르의 앵무새』에서

다른 질문 하나. 소설을 전개하는 내내 한 인물이 성장을 거듭해나 갈 때마다 이 인물이 여러분에게 "보이는" 모습(즉 겉모습)이 변할 까? 내면이 성장한 결과로? (진짜 사람이라면 속모습을 알아갈수 록 아름답게 보일지도 모른다. 그리고 이런 경우에 겉모습을 더 면 밀하게 관찰할 수 있다고 해서 애정이 깊어지지는 않는다.)

소설에서 이러저러한 사람이라고 작가가 소개하자마자 그 인물이 완성될까? 그럴지도 모른다. 하지만 *뒤죽박죽 섞여* 있다. 마치 퍼 즐처럼.

***

『등대로』는 다른 장점도 많은 소설이지만 그중에서도 특히 감각적인 체험과 심리적인 내면을 치밀하게 묘사한 점이 뛰어나다. 소재가 인물이나 장소, 구성에 있다기보다는 감각을 자극하는 정보에 있다.

이 소설은 다음과 같은 구절로 시작한다.

"'그럼, 물론이고말고. 내일 날씨가 좋다면 말이야' 하고 램지 부인이 말했다."

이 말이 텅 빈 공간에 울려 퍼지는 모습을 상상해본다. 램지 부인은 누굴까? 어디에 있을까? 램지 부인은 지금 누군가에게 말을 건네고 있다. 얼굴 없는 사람 둘이 텅 빈 공간 속에 있다.—방금 첫 삽을 꽂은, 아직 짜이지 않은 공간 속에.

책을 읽어나가면서 램지 부인은 조각조각 오려 붙인 콜라주가 된다. 램지 부인의 아들인 제임스가 소설 속에서 한 것처럼.

***

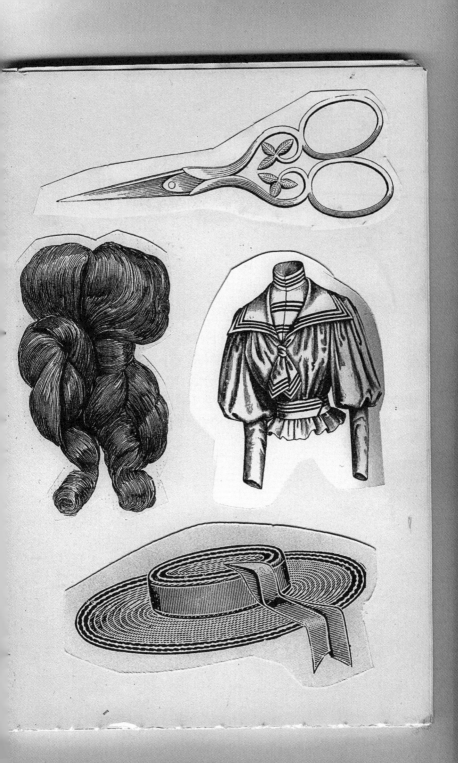

램지 부인은 아들한테 말하고 있다. 우리가 듣기론 그렇다. 램지 부인은 나이가 70대일까? 그러면 아들은 50대? 아니다. 아들은 이제 겨우 여섯 살이라는 사실을 알게 된다. 수정이 이루어진다. 그리고 이런 과정이 되풀이된다. 소설이 순행 구조인 경우, 상상을 하려면 기다리는 법을 배워야 한다. 하지만 우리는 기다리지 않는다. 당장 상상의 나래를 편다. 소설의 첫 구절을 읽자마자 바로.

우리는 책을 읽었다고 기억하지만 조금씩 조금씩 쉼 없이 수정을 해왔다는 사실은 기억하지 못한다.

한 번 더 말하자면, 우리는 기억할 뿐이다. 마치 영화를 본 것처럼……

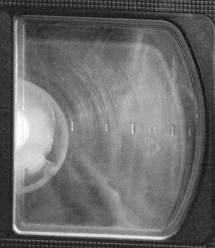

ebrides

1920

도입

책을 읽을 때 나는 현상세계에서 한발 뒤로 물러난다. 그리고 '안으로' 눈을 돌린다. 동시에 역설적이게도 밖으로 눈을 돌려 손에 들고 있는 책을 향한다. 그러고는 책이 거울이라도 되는 양 내면을 응시하고 있는 것처럼 느낀다. ('거울'이라는 이 개념은 책 읽는 행위를 비유한다. 물론 다른 비유도 상상할 수 있다. 이를테면 책읽기는 눈 뒤쪽에 위치한 안뜰로 물러나 앉는 것과 비슷하다. 그곳은 하늘이 보이는 마당으로 지붕을 덮은 길이 빙 둘러싸고 분수와 나무가 있으며 사색에 어울리는 곳이다. 하지만 책을 읽을 때 내가 보는 건 이런 풍경이 아니다. 안뜰도 거울도 못 본다. 책을 읽을 때 우리는 책 읽는 행위 그 자체를 보는 게 아니며 책 읽는 행위에 대한 비유를 보는 건 더더구나 아니다.)

책을 읽을 때 나는 현상세계에서 한발 뒤로 물러난다. 그런데 그 행위는 너무 빨리 일어나서 알아채기 힘들다. 내 앞의 세계와 내 '안'의 세계는 그저 가까이 붙어 있는 게 아니라 포개져 있다. 그러니까 서로 겹쳐 있다. 책은 두 영역이 교차하는 지점처럼 여겨진다. 또는 파이프처럼, 다리처럼, 두 세계를 잇는 통로처럼 여겨진다.

두 눈을 감으면, (눈꺼풀 안쪽에 나타나는 북극광같이) 눈에 아른거리는 광경과 (이를테면 안나 카레니나의 모습같이) 상상하는 내용은 서로를 밀쳐내며 제 스스로 튕겨나갈 뿐이다. 책읽기는 이처럼 두 눈을 감은 세계와 비슷하다.—눈꺼풀 같은 막 뒤에서 일어난다. 일단 펼쳐놓은 책은 눈 먼 사람인 척한다.—두꺼운 표지를 넘기고 책장을 한 장씩 넘겨야 비로소 현상세계에서 나는 떠들썩한 자극을 봉쇄하고 상상은 날갯짓을 한다.

Unc inten
tiore nobis
opus est a
nimo mul
to qr erat i
supior so
lutione questionu z expli
catone librop. De theolo
gia quippe qua naturalez
vocat: no cuz quibuslibet
boibus: no eni fabulosa e
vel ciuilis: hoc est vel the
atrica vel vrbana: quaruz
altera iactitat deop crimi
na: altera indicat eoruz de
sideria crimiosiora: ac p b
malignop poti° demonuz
...ti cu philosophis

tum: qui c
tem z humana cu
sentiar: no tn sufficere v
incomutabilis vei cultum
ad vita adipiscenda etiaz
post morte beata: sed ab il
lo sane mltos vno oditos
atqz institutos ob ea cau
sam colendos putant. Hi
etiam iam varronis opini
one veritatis ppinquitate
trascendut. Siquidez ille
tota theologia naturalem
vsqz ad mundum istum vl
eius anima extedere po
tuit: isti vero sup omn
anime natura
qui no sol

vid
a d Eho
tone ec. In b
incipit tractat°
libri: in quo bear° a
gustin°incipit agg
de pditionib° p
nis z phop q
dam alio
crinis
eo

『등대로』와『모비딕』도입부는 독자에게 혼란스럽게 다가온다. 이야기를 이해하고 그 이야기에 따라 인물을 상상하기엔 정보가 불충분하기 때문이다.

하지만 그런 혼란에는 익숙하다. 책은 으레 의문과 무질서로 포문을 여니까.

처음 책을 펼치면 티끌만 한 공간으로 들어선다. 그러면 책을 (이를테면 바로 *이* 책을) 들고 있는 실제적인 공간 즉 이쪽 세계에도, 글이 가리키는 추상적인 공간 즉 저쪽 세계에도 존재하지 않는다. 보통 책을 읽을 때 갖는 느낌을 어떤 면에서는 다차원이라고 표현한다. 책을 읽는 사람은 존재한다.

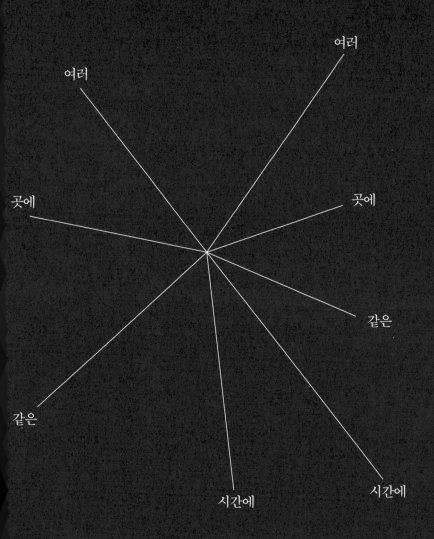

이탈로 칼비노는 이 어중간한 상태를 이렇게 표현한다…….

　소설은 기차역에서 시작한다. 기관차가 쉬익 증기를 내뿜는다.
엔진에서 나오는 증기가 첫 장 도입 부분을 뒤덮는다. 구름 같
은 연기가 첫 단락을 일부 가린다.

어느
겨울 밤
한 여행자가

소설은 기차역에서 시작한다. 기관차가 쉬익 증기를 내뿜는다. 엔진에서 나오는 증기가 첫 장 도입 부분을 뒤덮는다. 구름 같은 연기가 첫 단락을 일부 가린다. 역 안에 떠도는 냄새에서 기차역 카페 냄새가 확 풍기다 열어진다. 누군가 희부연 유리창으로 안을 들여다본다. 카페 유리문이 열어진다. 카페 안도 죄다 희부옇다. 시력이 나쁜 눈이나 석탄 가루 때문에 빨갛게 충혈된 눈으로 보는 것처럼 안도 면이 하나같이 남은 기차 유리창처럼 희부옇다. 구름 같은 연기가 문장에 내려앉는다. 비 내리는 저녁이다. 그 남자가 카페 안으로 들어선다. 축축한 겉옷에서 단추를 차례로 푼다. 구름 같은 수증기가 그 남자를 감싼다. 빗물에 젖어 비틀거리며 끝없이 뻗어나간 철로를 따라 기적 소리가 멀어져간다. 나이 든 점원이 커피 기계를 기관차 기적 같은 쉬익 소리가 구름 같은 수증기와 함께 피어오른다. 점원이 신호를 보내는 듯하다. 적어도 두 번째 단락에서 서로 이어지는 문장 탁자에 앉아 카드 게임을 벌이는 몇몇 사람이 각자 가슴 쪽을 향해 카드를 부채처럼 펼쳐 들고 있다가 목과 어깨와 의자를 동시에 비틀어서 이제 막 들어온 손님을 돌아보았기 때문이다.

황폐한 집이 휩쓸

런던…… 길은 온통 진흙탕이다. 꼭 큰물이 들었다가 어제오늘 땅...
도마뱀인 양 홀본 언덕 쪽으로 어기적어기적 걸어 올라가는 모습을...
깔리면서 시커먼 안개비로 변해 포실포실 내리고 간간이 함박눈처럼...
생각할 수도 있을 것이다. 개는 진흙투성이라 그놈이 그놈 같고 말도...
서로 왈칵 성을 내며 우산을 떼밀다가 길모퉁이에서 중심...
진 곳이었다. 그 바람에 진흙이 눌어붙은 데다 또 진흙이...
고집스레 들러붙어서 바로 그 자리에 차곡차곡 북...

사방이 안개다. 안개는 강을 따라 올라가며 초록빛 강...
서 쏟아져 나온 쓰레기가 널브러진 강변을 흘러가면...
반선 취사장으로도 기어 들어가는 안개, 커다란 배의 활대...
린 안개, 병실 난롯가에서 천식으로 색색거리는 늙어...
선장이 오후에 빼문 담뱃대 자루와 구멍에도 스...
개. 우연히 다리에 있던 사람들은 안개...
래쪽 하늘을 내려다본다.

안개 사이로 가스등이 거리...
거리 상점은 문 열기 두 시간...

을씨년스런 오후는 더없이 을씨...
역시 칙칙하고 낡은 템플 바가...

『황폐한 집』은 안개에 휩싸인 채 시작한다. 그리고 이 안개는 찰스 디킨스가 글로 지어낸 세계를 구성하는 요소다.

이 안개는 런던에 짙게 끼는 '진짜' 안개를 말한다.

이 안개는 영국 대법관 법정 시스템을 은유한다.

나는 보통 이 안개를 여러 책에서 도입 부분을 시각적으로 은유하는 데 활용했다.

여러 안개 중에서 오직 한 안개만은 도저히 헤아릴 수 없는데, 그건 소설 속에서 *시각* 효과로 등장하는 안개다.

시간

딸아이한테 큰소리로 책을 읽어준다. 바로 이 구절이다.

"그때 그 사람 귀에 비명이 들렸어…… 가까운 곳에서…….”

아양!!

딸아이 들으라고 처음 비명을 지를 때는 감정을 실지 않은 밋밋한 목소리였다.—연기를 잘 못 하기도 하지만 딱히 연기를 못 해서라기보다는 어떤 인물이 비명을 지르는지 알지 못했기 때문이다. 책을 더 읽어내려가면서 비명을 지르는 인물이 누군지 알아차릴 즈음 딸아이가 되돌아가서 그 구절을 짚으며 말했다.—이번에는 바로 그 인물에 걸맞은 고음의 여자아이 목소리로 다시 읽어달라고…….

바로 이런 과정을 거쳐 우리는 마음속에 인물을 그린다. 처음에는 한 가지 모습으로만 인물을 떠올린다. 그러고는, 자, 50쪽쯤 더 읽고 나서 우리가 마음속에 뚜렷이 그려오던 인물과 아주 다르다는 사실을 깨닫고 수정을 한다.

***

제임스 조이스가 쓴
『율리시스』는
이렇게 시작한다.

당당하고 통통한 벅 멀리건이 계단 꼭대기에서
면도컵과 거울 ... 면도용 ...

TATELY, PLUMP

'당당하고 통통한 벅 멀리건이……'

벅 멀리건은 등장하자마자 형용사 두 개를 달고 나온다. 그 형용사는 벅 멀리건보다 앞에 놓여 있다.

처음 『율리시스』를 읽으면 틀에 박힌 이미지가 잇따라 독자의 마음속에 생겨난다. 벅을 묘사하는 말이 하나씩 나올 때마다 그 말과 연관된 상상이 하나씩 떠오르는 것이다.

이런 형용사는 동시에 존재하지 않는다. 늘 엇박자로 등장한다.

당당하고

통통한

멀리건

(또는 멀리건)

책을 읽으면서 하는 상상 속에는 고유의 성향이 드러난다. 책은 그 성향을 끄집어낸다.

(그렇게 드러나는 성향이 기묘하긴 하지만…….)

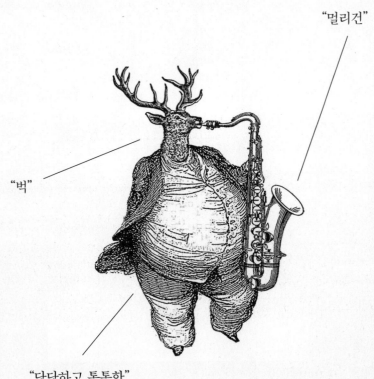

"멀리건"

"벅"

"당당하고 통통한"

책을 계속 읽어나가다보면 나중에 다른 성향이 드러나면서 지금 있는 성향은 없어질지도 모른다.

그런데 낱말을 하나하나 읽어나가는 순간에는 (당연히) 그 뜻을 파악하지 못한다.

한 번에

하나씩

차례

차례

책을 읽을 때 두 눈 가득 글이 들어온다.
그리고 물을 마시듯 꿀꺽꿀꺽 글을 들이킨다.

***

"인뜨로어…아이드 알따레

…데몬토는

…그러쿠토 여럭케
덧붙였다.

낱말 하나라도 지니는 맥락이 중요하다. 낱말은 그 낱말을 에워싸고 있는 낱말들에 따라 의미가 달라진다. 이렇게 보면 낱말은 음표와 비슷하다. 음 하나를 떠올려보자.

이 음은 맥락에서 벗어난 낱말과 비슷하다. 그냥 뚝 떨어진 하나의 음으로 여길 수도 있지만 누군가는 소음으로, 만약 자동차 경적을 울려서 내는 음이라면 더욱더 소음으로 여겨 아무런 의미도 없다고 여길 것이다.

그런데 다른 음을 덧붙이면 처음과 비교해서 어떤 맥락이 생긴다. 화음을 넣을 의도는 아니었더라도 *화음*이 들린다.

장음계   단음계

여기에 음을 하나 더 덧붙이면 의미는 훨씬 더 또렷해진다. 맥락이 분위기를 완전히 바꾼다. 글도 마찬가지다.

맥락은—단지 말뜻을 찾는 맥락이 아니라 이야기를 잇는 맥락은—독자가 글을 깊이 읽을수록 차곡차곡 쌓여간다.

당당하고 통통한 벅 멀리건이 계단 꼭대기에서 나왔다. 거울과 면도칼을 엇갈려놓은 면도용 종지를 들고 있었다. 노란 목욕 가운은 허리띠가 풀려 있어 부드러운 아침 바람에 등 뒤에서 살랑거리고 있었다. 멀리건은 종지를 높이 쳐들고 읊조렸다.

"인트로이보 아드 알타레 데이."

멀리건은 걸음을 내딛다 말고 어두컴컴한 나선계단 아래를 내려다보며 찌렁찌

"아! 그렇게만 된다면 더 바랄 나위가 없을 텐데."
콜라가 불쑥 말했다. 그러자 일료샤가 웃으며 말을 받았다.

"자, 수다는 이쯤에서 접고 일류샤의 추도식에 갑시다. 블린을 먹는다고 안 될 건 없습니다.
아주 오래된 풍습이고 나름 좋은 점도 있으니까요! 자, 어서 갑시다! 이렇게 손에 손을 잡고서!"

"그래요. 늘 이렇게. 평생 이렇게 손에 손을 잡고서! 카라마조프 만세!"

콜라가 기쁨에 차서 한 번 더 외치자 다른 아이들도 따라서 한 번 더 외쳤다.
"카라마조프 만세!"

사실 책을 끝까지 읽어나가면 이야기를 점점 더 잘 이해할 수 있게 된다. 그런데 결과를 놓고 보면 책 말미에 이를수록 상상력은 힘이 빠진다. 이 사실을 난 깨닫고 있다. 책 마지막 장은 읽을거리로 가득 차 있기보다는 도리어 *의미*를 배고 있다.

(보기는 이해하기와 다르다는 사실에 다시 밑줄을 좌악 긋고 싶을 뿐이다.)

책에 쓰인 낱말과 구절을 이해하려면 읽으면서 미리 생각해야 한다. 즉 추측해야 한다. 독자가 막다른 골목이나 장애물, 틈새, 다음, 그다음 행까지 내리 이어지는 글과 맞닥뜨렸을 때 쓰는 방법이다.

우리는 글을 읽으며 앞으로 보게 될 내용을 상상한다. 하지만 글을 읽으며 앞으로 *보게 될* 내용이라고 상상하는 내용 역시 상상한다. 한 인물이 모퉁이를 막 돌아 나갈 때 (작가가 굳이 알려주지 않더라도) 우리는 모퉁이 어귀에 뭔가가 기다리고 있으리라 기대한다.

책을 휙휙 빨리 읽으면 낱말이든 구절이든 꼭꼭 씹지 않고 그냥 삼키게 된다. 그래도 몇몇 문장은 골라 음미하며 입속에서 굴린다.

(그런데 책을 빠르게 읽는다고 해서 상상력이 흐릿해지고 책을 느리게 읽는다고 해서 상상력이 또렷해질까?)

***

평소에는 차를 몰고 지나가는 갓길을 따라 걸어본 적이 있는가? 빠른 속도로 차를 몰고 지나갈 때는 볼 수 없었던 세세한 모습이 툭툭 튀어나온다. 그리고 길은 하나지만 실은 쓰임새가 서로 다른 두 길이라는 사실을 깨닫게 된다. 걸어가는 사람을 위한 길과 차를 몰고 가는 사람을 위한 길. 지도상으로 이 두 길은 서로 구분하기 어렵다. 하지만 경험상으로 이 두 길은 완전히 다르다.

책이 길이라면 어떤 책은 차를 몰고 쌩 지나가라고 닦아놓는다. 이때 세세한 모습은 흐릿해지고 그나마도 뭉뚱그려 보인다. 하지만 이야기가 내는 속도감이나 회전력은 아주 짜릿하다. 책을 길이라고 본다면 어떤 책은 두 발로 천천히 걸어가라고 깔아놓는다. 이때 길이 어디로 뻗어나갈지는 길을 걸으며 만나는 풍광과 비교해 훨씬 덜 중요하다.
나한테 딱 맞는 책은 이런 책이다. 차를 몰고 쌩 지나가면서도 이따금 멈춰 서서 갓길에 차를 대고 감탄사가 절로 나오게 하는 책. 이런 책은 언젠가는 꼭 다시 손에 잡게 된다. (처음에는 되는대로 속도를 높여 마구 달리다가 어느새 기꺼운 마음으로 이리저리 책 속을 거닌다. 놓쳐버린 모습을 찬찬히 살펴보려고.)

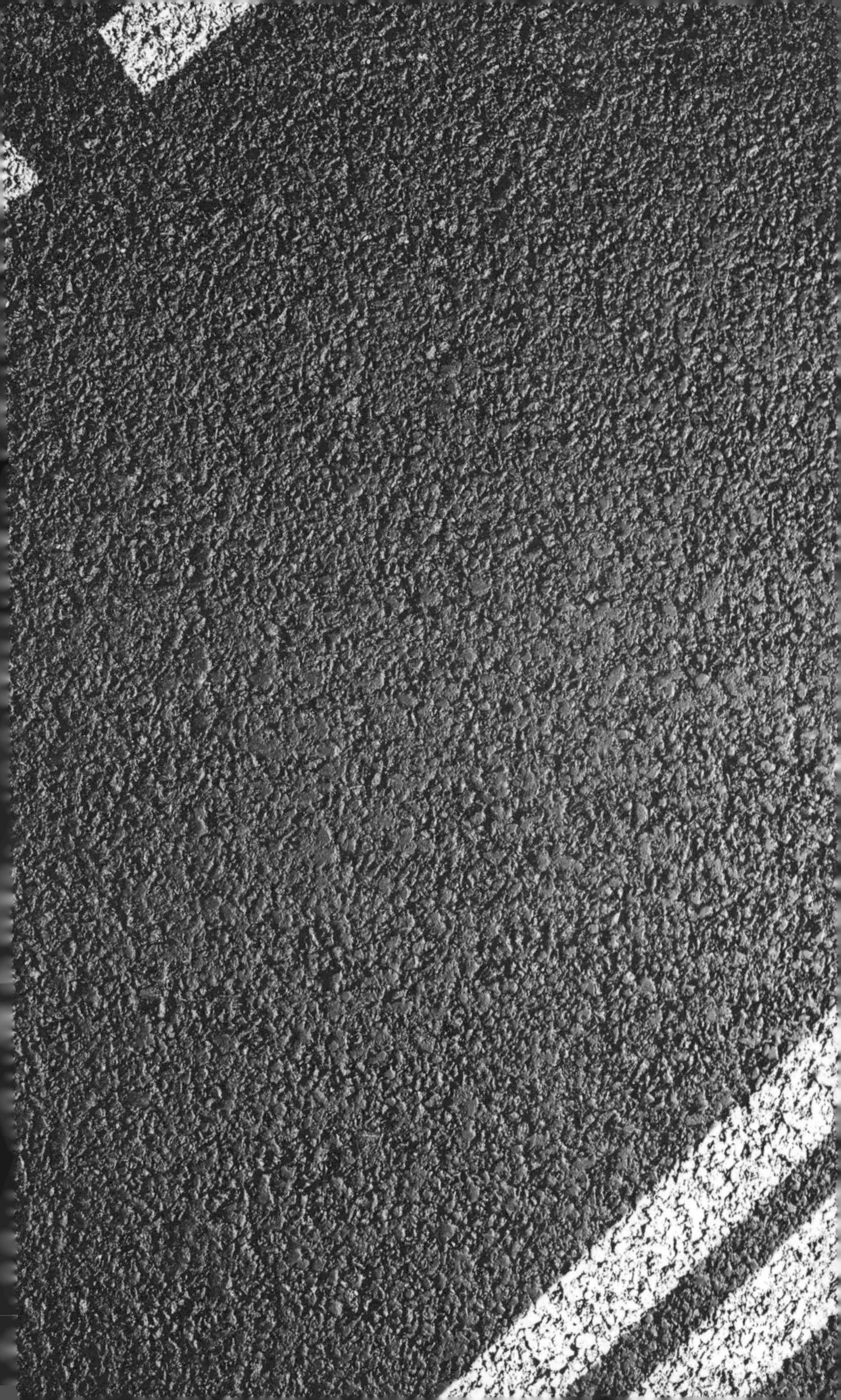

저런 이야기도 있다.

다시 딸아이한테 큰소리로 책을 읽어주고 있다. (매일 밤 하는 일과다.)

그런데 책장을 새로 넘기고 나서도 여전히 바로 앞 페이지 끄트머리를 읽고 있다는 걸 깨닫는다.

책장을 넘겼다

지금 막.

앞서 말했듯이 눈과 머리가 먼저 읽는다.

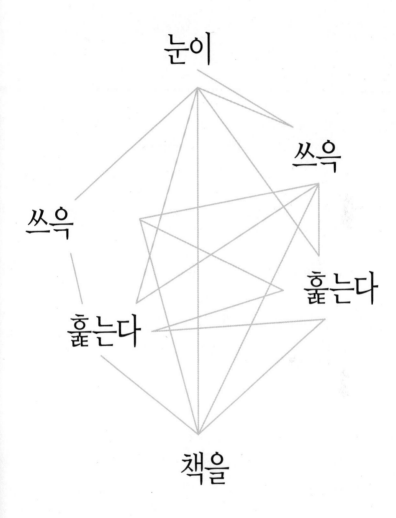

한 구절에 머무르며 무언가를 상상하는 사이에 다른 구절을 보면
서 정보를 모은다.

독자는 숨 돌릴 틈도 없이 한꺼번에

1. 문장을 하나 읽는다……

2. 그보다 앞서 문장을 몇 개 읽는다……

3. 지금까지 읽은 문장으로 알게 된 내용을 계속 염두에 둔다·

4. 뒤에 펼쳐질 사건을 상상한다.

"눈과 목소리 사이의 거리"는 두 눈이 지금 보고 있는 부분과 같은 쪽에서 (내면의) 목소리가 읽고 있는 부분 사이의 간격이다.

예견 / 기억

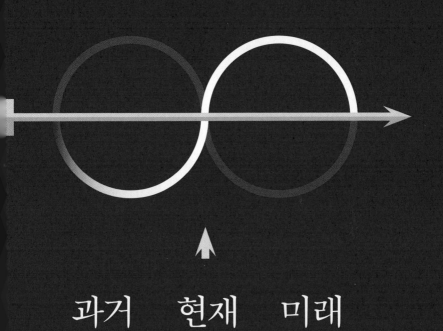

과거　현재　미래

현재

현재

현재

현재

현재

현재

현재

현재

현재

현재

현재

현재

현재

책읽기는 경험한 '현재'를 하나씩 하나씩 차례로 실에 구슬 꿰듯 잇는 게 아니다……

과거와 현재와 미래는 의식하는 순간마다 한데 뒤섞인다. 책을 읽는 순간에도 마찬가지다. 띄엄띄엄 사이를 두고 뒤죽박죽 뒤엉킨다. 읽은 내용에 대한 기억(과거)과 '바로 지금' 의식하는 체험(현재)과 읽을 내용에 대한 추측(미래)이 서로서로 뒤엉킨다.

***

"나는 지금이라는 순간을 이어 붙인 실례實例를, 즉 마음속에 간직하고서 끝과 끝을 이어 기다랗게 줄을 이룬 이미지를 빠져나갈 수 없다. 순간이 닥쳐올 때마다 줄은 모습을 바꾼다. 아직 손에 있고 여전히 쥐고 있지만 이미 현재라는 수면 아래로 가라앉고 있다. 그 줄을 간직하려면 손을 뻗어 시간이 들쓰고 있는 얇은 막을 찢어야 한다."

― 모리스 메를로퐁티

과거

과현거재

현재

소설 속 인물은 우리한테 갑자기 나타나지 않는다. 아무리 상상력을 발휘한다고 해도 즉각 구체적으로 그려지지 않는다.

제임스 조이스가 그린 '벅 멀리건'이란 인물은 『율리시스』 책머리에서는 하나의 기호에 지나지 않았다. 하지만 시간이 흐르면서 인상이 점점 더 짙어진다. 일단 우리는 벅이 소설에 나오는 다른 인물과 서로 주거니 받거니 하는 장면을 목격한다. 그리고 벅이 더블린 주민을 상대하는 모습 속에서 그가 지닌 면모가 하나씩 드러난다. 그러면서 서서히 어떤 형상을 갖춰나간다.

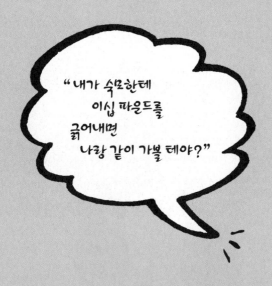

"내가 숙모한테 이십 파운드를 긁어내면 나랑 같이 가볼 테야?"

……하고 벅은 한방을 쓰는 스티븐에게 말했다.

벅은 빌붙어 살고 있다.

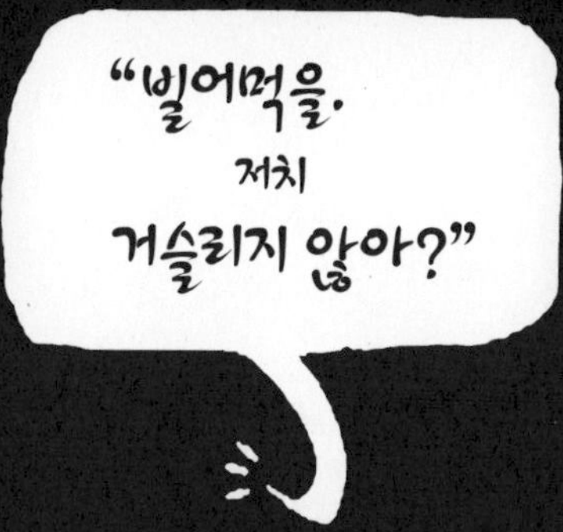

"빌어먹을, 저치 거슬리지 않아?"

……하고 벅은 역시 한방을 쓰지만 자리에 없는 헤인즈 홍을 보았다.

(벅은 믿을 만한 사람이 못 된다.)

(등등)

다른 문학작품에 등장하는 인물처럼 벅의 성격도 행동이나 다른 인물과의 상호 작용을 통해 속속 드러나는 현상이다.

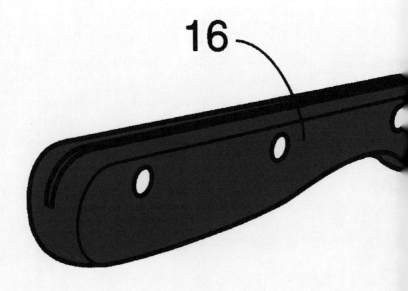

행동에 대해, 아리스토텔레스는 존재가 곧 행동이며 텔로스telos, 혹은 목적을 알면 그 본성도 밝힐 수 있다고 주장했다.

칼은 무라도 *베어야* 칼이다.

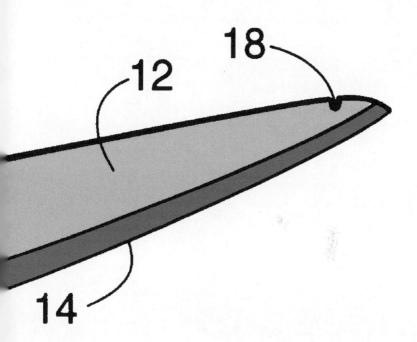

배우인 한 친구는 이렇게 말한다. 어떤 인물을 새롭게 구상할 때는 "형용사보다는 부사에 더 중점을 둬"라고. 이 말은 나한테는 작가가 (터무니없이) 부족하게 인물을 묘사한 경우에 인물이 *어떤* 행동을 하는지, 그 행동을 *어떻게* 하는지가 더 중요하다는 의미로 들린다. 그리고 그 친구는 이렇게 덧붙였다. "아무튼 작가는 형용사를 그다지 많이 쓰지 않아."

(우리는 어떤 모습을 그리기보다 어떤 행동을 더 잘 상상할까?)

***

"전 책에 대사가 많이 나오는 게 좋아요. 지금 말하는 사람이 누굴 닮았다고 직접 말해주는 건 별로예요. 그 사람이 말하는 모습을 보고 누굴 닮았을까를 알아맞히고 싶고, …… 그 사람이 말하는 내용을 보고 어떤 사고방식을 가지고 있는지 알아내고 싶어요. 묘사가 약간 있는 건 괜찮지만 지나치면 싫어요."
— 존 스타인벡, 『달콤한 목요일』

어떤 행동을 하는데 주어나 목적어가 뚜렷하지 않다면 그 행동은
어떨까?

어떤 모습을 그리는데 오로지 행동으로만 그릴 수 있을까?

이런 일이 불가능하듯 문장도 동사로만 쓸 순 없다……

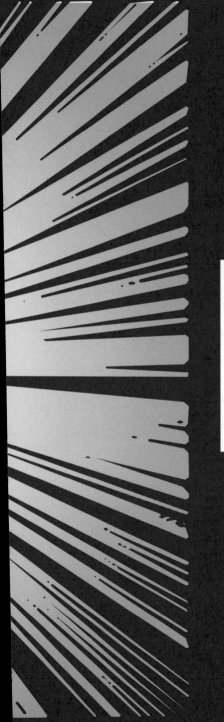

소설 첫머리를 장식하는 문장들이다.
만약 동사로만 썼다면……

"중상했고 체포했다."_『소송』
"나왔는데 듣고 엇갈렸다."_『율리시스』
"보였다."_『소리와 분노』
"이야."_『모비딕』
"하고 하다."_『안나 카레니나』

꾸준히 읽어나가기

이야기의 흥미

꼼꼼히 되짚어 읽기

깊이 이해하기

얼마 전에 책을 한 권 읽고 있는데 퍼뜩 정신이 들었다. 운전자가 깜빡 졸다가 차선을 벗어날 때처럼 화들짝 놀라고 당혹스러웠다. 그때 내가 읽고 있던 특정 인물이 누구인지를 의식하지 못한 채 책을 읽고 있다는 사실을 깨달았기 때문이다.

내가 주의를 기울여 읽고 있지 않았기 때문일까?

어떤 이야기가 혼란스러운 지점에서, 즉 시간이나 공간이 어긋나는 지점에 다다를 때, 완전히 새로운 인물이 글 속에 등장할 때, 이야기를 이해하는 데 짐짓 중요해 보이는 사실을 무시하고 넘어갔다는 걸 막 깨달을 때 우리는 진퇴양난에 빠진다. 이미 읽은 단락으로 되돌아가 다시 훑어볼까 아니면 그냥 이대로 읽어나갈까 하는.

(어떻게 상상할지를 정하는 일에 대해서도 우리는 여러 선택을 하며 또한 어떻게 읽을지를 정하는 일에 대해서도 여러 선택을 한다.)

이런 경우에는, 중요한 실마리가 되는, 책 속에 일찌감치 나온 사건이나 설명을 놓쳤다고 결정을 내릴 수 있다. 그러고는 놓친 실마리를 찾으려고 이미 읽은 내용으로 되돌아간다.

그렇지만 또 다른 경우에는, 모르는 내용을 괄호로 묶어두고 해답을 미루어둔 채 계속 읽어나가는 자세가 더 나은 듯싶기도 하다. 작가가 얼거리를 서서히 드러낼 요량인지, 그래서 성실한 독자라면 인내심을 지녀야 하는 법이라고 스스로에게 타이르면서 묵묵히 참고 읽어나가야 하는지 내심 궁금할지도 모르지만. 또는 본의 아니게 책에 일찍이 드러난 몇몇 중요한 사실을 정말 얼렁뚱땅 넘어가버렸다 해도 그대로 책을 읽어나가면서 순간순간 집중하며 긴장감 넘치는 이야기의 흐름을 놓치지 않는 게 더 중요하다고 결정 내릴 수도 있다. 극적인 사건이 일어난 다음에 설명이 나오리라고 믿어보면서. 더군다나 그 설명이 그리 대단치 않다고 여긴다면야.

도끼 갈아 바늘 만들 기세로 꾸준히 읽어나가는 데는 별다른 수가 없다.

등장인물은 하나같이 따분하고 텅 빈 공간을 헤치며 나아간다. 그 공간에는 이름도 없고 얼굴도 없고 의미도 없는 인물로 들어찬다. 언뜻 보기에 부수적인 줄거리가 지리멸렬하게 이어진다. 꼭 외국어를 읽는 기분이 든다…… 하지만 계속 읽어나가다보면 나름 적응하게 된다.

우리는 책을 보지 않고도 읽을 수 있다. 뜻을 모르고도 읽을 수 있다. 그런데 읽어나가다가 이야기의 끈을 놓쳤을 때, 모르는 낱말을 획획 지나칠 때, 그 낱말이 가리키는 숨은 뜻을 미처 파악하지 못하고 읽어나갈 때 우리는 어떻게 상상을 할까?

(부지불식간에 한 단락을 건너뛸 때처럼) 내가 모르는 무언가를 가리키는 문장을 책에서 보면 문법은 맞지만 의미는 안 통하고 '터무니없이 생뚱맞다고' 느낀다. 문장에서는 의미로운 기운이 풍긴다. 의미라는 맛이 난다. 하지만 문법이라는 구조물이 한 문장에서 다음 문장으로, 또 다음 문장으로 헤치고 나가도록 나를 밀친다. 실은 아무것도 이해하거나, 상상하지 못하고 있는데도.

이렇게 의미를 유예시키는 일이 책을 읽으면서 얼마나 자주 일어날까? 의미로 가득 찬 듯 보이지만 가리키는 숨은 뜻을 미처 파악하지 못하면서 문장을 읽어나가는 데 시간을 얼마나 헛되이 쏟아붓고 있을까? 그토록 공허하게 책을 읽는 일이 얼마나 자주 반복되고 있을까? 고작 문법 따위한테 내몰리면서.

좋은 책은 하나같이 추리물이다. (작가는 정보를 감춰두고 시간을 들여 천천히 드러낸다. 이 때문에 독자는 조바심치며 책장을 넘긴다.) (『오리엔트 특급 살인』이나 『카라마조프가의 형제들』처럼) 말 그대로 추리물일 수도 있다. 또는 (『모비딕』이나 『포스터스 박사』처럼) 철학적으로 풀어놓은 추리물일 수도 있다. 그리고 (『에마』나 『오디세이아』처럼) 순수 건축 양식같이 특정한 시공간을 배경으로 삼는 추리물일 수도 있다.

범인은 핍을 후원하는 사람이다.

이런 책은 이야기로 풀어내는 추리물이다. 하지만 책은 그림으로 그려내는 비밀 역시 옹호하고 있다……

***

"내 이름은 이스마엘이야……"

이 말은 대답을 내놓고 있기는커녕 질문을 더 부채질한다. 독자는 바라고 있기 때문이다. 애거서 크리스티의 소설에 등장하는 살인자처럼 그 정체가 만천하에

드러나기를!

수상쩍다

더 수상쩍다

소설을 쓰는 작가는 독자에게 이야기를 전한다. 동시에 이야기를 읽는 법도 말해준다. 나는 소설을 읽어나가면서 잇따라 등장하는 규칙들, 다시 말해 독서론, (즉 작가가 암시하는 해석론뿐 아니라) 인식론을 이리저리 꿰맞춘다. 이를 통해 나는 글 속을 헤쳐나간다. 그리고 이따금 책을 다 읽고 나서도 오랫동안 여운을 음미한다. 작가는 나에게 어떻게 상상해야 하는지를 가르친다. 더불어 *언제* 상상해야 하는지, *얼마만큼* 상상해야 하는지도.

***

지금 읽고 있는 탐정추리소설에서는 주인공을 "무뚝뚝하고 덩치가 있는" 인물로 소개하고 있다.

"무뚝뚝하고 덩치가 있는"이라는 이 묘사만으로 내가 주인공의 모습을 또렷하게 그려낼 수 있을까? 작가가 그런 의도로 이렇게 묘사한 것 같지는 않다. 주인공의 모습을 그린다기보다는 오히려 다른 의미를 전하고 있다.

전통적인 추리소설에서는 서두에 등장인물을 소개하며 (체스판에 말을 놓듯) 각자 정해진 역할을 정해진 위치에 놓는다. 그 인물은 정해진 틀에 대강이라도 들어맞는다. 이 틀로 인해 등장인물은 더 쉽게 기억에 남을 뿐만 아니라 독자가 머릿속으로 추측하며 의문을 풀고 범인을 알아맞히는 과정에서 인물들을 더 쉽게 떠올릴 수 있다. 이름이 종종 되풀이되듯 인물의 특이한 생김새도 되풀이된다. 탐정소설을 즐겨 읽는 노련한 독자라면 인물 묘사가 범인이냐 아니냐를 가르는 데 긴요한 나침반 역할을 한다는 사실을 인정할 것이다.

콧수염은 단서가 될 수 있다. 아니면 적어도 조건이 될 수 있다. 그런데 여기서 더 눈여겨봐야 할 점은 콧수염이 신분을 나타낼 수도 있지만 작가의 의도를 드러낼 수도 있다는 것이다. 독자가 졸을 상대하는지, 성을 상대하는지, 비숍을 상대하는지를 알려준다.

***

'추리소설 읽기' 게임에서는 규칙이 글로 옮겨진다. 그런데 이따금 미숙한 독자의 직관에 어긋나는 경우가 있다. "무뚝뚝하고 덩치가 있"거나 "차림새가 몹시 엉망"인 인물 또는 "눈동자가 흔들리"거나 "여우처럼 입이 뾰족"한 인물은 열이면 열 알고 보면 범인이 아니며, 이것은 아주 고전적인 눈속임에 속한다. 때로는 작가가 기교를 부리지 않고 생김새에 그대로 범인입네 드러내기도 하고 때로는 아주 교묘하게 알쏭달쏭 거짓 눈속임을 부리기도 한다. 눈동자가 흔들리는 낯선 이방인이 결국 *진짜* 살인자라는 식으로. 이런 경우 형용사는 속임수이자 방어 수단이며 노림수이자 맞대응 수단이다.

***

(인물이 지닌 특징을 쓸 때는 주의를 요한다.)

***

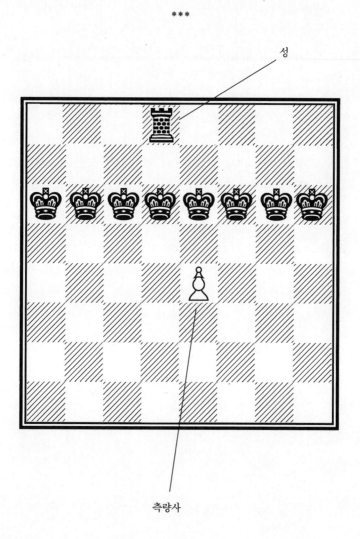

성

측량사

『제인 에어』에서는 성질 고약한 리드 부인을 1쪽에 등장시키고 나서 계속 뜸을 들이다가 43쪽에 이르러서야 비로소 (그 모습을) 온전히 묘사한다. 그래서 마침내 리드 부인을 설명하며 죽 나열한 묘사를 보면, 그 모습이 다음과 같다.

> 리드 부인은 그때 서른예닐곱 살쯤 되었을 것이다. 몸집이 당당하고 어깨가 떡 벌어졌으며 팔다리가 튼실했다. 키는 별로 크지 않고 통통하지만 뚱뚱한 정도는 아니었다. 얼굴이 꽤 큼지막하고 아래턱이 매우 튼튼하게 발달했다. 이마는 좁고 턱은 커다란 데다 툭 튀어나왔다. 입과 코는 무척 단정했다. 숱이 적은 눈썹 아래로 일말의 연민도 찾아볼 수 없는 두 눈이 차갑게 빛났다. 살갗은 가무잡잡하고 칙칙하며 머리카락은 아마 빛에 가까웠다. 체질이 무쇠종만큼이나 건강하고 …… 옷을 잘차려입고 풍채가 좋아 차림새가 멋지게 돋보였다.

샬럿 브론테는 왜 한참을 기다렸다가 이렇게 부정적으로 리드 부인을 묘사했을까? (그 사이에 독자는 무엇을 상상했을까?)

리드 부인은 내내 묘사되지 않다가 43쪽에 이르러서야 구체적으로 모습이 드러난다. 극적인 순간이 오기 전까지 주인공인 제인 에어가 리드 부인을 제대로 쳐다보지 못하기 때문이다. 대신 브론테는 제인 에어가 리드 부인을 어떻게 겪는지 그 경험을 묘사하려고 한다. 리드 부인이 오갈 데 없는 자신을 마지못해 맡고 있는 동안 어린 제인 에어는 화를 내는 리드 부인을 절망적인 마음으로 흘끔흘끔 쳐다볼 뿐이다.

겁에 질려 두 눈을 꼭 감은 채 겨우 실눈을 뜨고 리드 부인을 쳐다 볼 뿐이다. 그래서 제인 에어한테, 그리고 우리 독자한테 리드 부인은 단번에 두려움을 일으키는 존재로, "가차 없는 회색 눈동자"를 하고 한꺼번에 계단을 두 개씩 오르는, 다부진 체격을 한 사람으로 모습이 드러난다.

마침내 제인 에어가 리드 부인의 핍박에 단호히 맞서며 당당하게 그 엄격한 눈을 응시할 수 있을 때에야 전체를 볼 수 있는 시야, 즉 통찰력을 가지고 그 모습을 하나하나 뜯어볼 수 있었다. 이런 경우 묘사는 (거의) 부적절하다. 이때 중요한 건 *타이밍*이다.

앞서 말했다시피 우리는 행동을 통해서 인물을 본다. 누군가를 뒤쫓으며 언뜻언뜻 보이는 모습을 보듯 인물을 본다. 인파 사이로 비죽이 솟아 있는 머리, 길모퉁이를 휙 돌아 나가는 몸통, 저쪽에서 들리는 발자국 소리, 이쪽에서 보일락 말락 나부끼는 옷자락······ 우리는 소설 속에서 따로따로 나타나는 이런 세세한 묘사를 차곡차곡 쌓아가며 우리가 일상생활에서 마주치며 받아들인 사람과 배경을 그 모습에 반영한다.

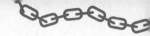

이따금 숱하게 들어본 사람을 만날 것이다. 그러고는 이렇게 생각할지도 모른다. *'내가 상상하던 사람과 전혀 달라!'*

소설에서 마주치는 인물에 대해서도 똑같이 느낀다. 묘사되기 전에 그 인물이 왕성하게 활동을 한다면.

(『제인 에어』에 나오는 리드 부인에 대해서도 우리는 똑같이 느낀다.)

***

생생함

블라디미르 나보코프는 『문학 강의』에서 이렇게 썼다.

"『황폐한 집』에서 찰스 디킨스가 쓴 글을 보고 가장 먼저 깨달은 사실은 그 작가가 무척 감각적으로 이미지를 형상화한다는 점이다."

> 태양이 구름 사이로 빛나면서 어두운 바다에 은빛 물웅덩이를 군데군데 파놓는다.

나보코프는 이렇게 덧붙였다.

> 잠시 쉬어가보자. 그 광경을 마음속에 그릴 수 있을까? 물론 그릴 수 있다. 우리는 그 광경을 머릿속에 확실히 그리고 나서 전율에 휩싸인다. 지금껏 문학작품에서 습관처럼 써오던, 평범하기 그지없는 푸른 바다와 비교하면 어두운 바다에 떠 있는 이 은빛 물웅덩이는 찰스 디킨스가 진정한 예술가로서 때 묻지 않은 감각적인 눈으로 주의 깊게 살펴본 다음 그대로 글로 옮겨놓았다는 점을 처음으로 보여주기 때문이다.

***

찰스 디킨스는 다른 단락에서는 이렇게 썼다.

> 이내 살가운 빛이 벽에 어른거리고 크룩이 살금살금 나타났다.
> 눈이 초록색으로 빛나는 고양이 한 마리가 크룩 발치께를 따르
> 고 있었다.

나보코프는 다시 이렇게 덧붙였다.

> 고양이는 다 눈이 초록색이다. 그런데 여기서 고양이 눈이 특
> 히 초록색으로 빛나는 이유는 촛불에 비쳤기 때문이라는 점에
> 주목하자.

나보코프는 묘사가 독특할수록, 문맥이 잘 통할수록 형상이 잘 그
려진다는 점을 강조하는 듯 보인다.

(그런데 나는 이 점에 대해 확신이 서지 않는다.)

독특함이나 문맥은 의미를 보태고 어쩌면 형상을 더욱 다채롭게 표
현하기도 한다. 하지만 내 경험으로는 형상을 더욱 *생생하게* 그리
지는 못하는 것 같다. 작가가 기울이는 관심이나 작가가 세상을 관
찰하며 옮긴 글 모두 내가 책을 상상하는 데는 도움이 안 된다. 책
을 이해하는 데는 도움이 된다. 하지만 책을 상상하는 데는 아니
다. 적어도 이런 유형의 묘사를 읽고 스스로 어떤 상상을 하는지
꼼꼼히 들여다보면 작가가 그린 세계와 내가 다시 그리는 세계에
는 별반 차이가 없다.

고양이 눈에 반짝 촛불이 비치는 모습은 독자로서 흐뭇하다. 그 두 눈은 아주 특별하니까. 하지만 내가 흐뭇해하는 이유는 그 모습을 *더욱 생생하게* 볼 수 있어서가 아니다. 작가가 세상에 아주 세심히 주의를 기울인다는 점에 찬사를 보낼 수 있어서 흐뭇한 것이다.

이 두 가지 느낌은 혼동하기 쉽다.

***

다시 찰스 디킨스.

그 사람은 …… 은화 한 닢을 받고 …… 공중으로 동전을 던지더니 손으로 휙 감아쥐고는 물러난다.

다시 나보코프.

이 동작, '휙 감아쥐다'라는 낱말로 표현한 이 동작은 사소할지라도 그 하나만으로 그 사람은 세심한 독자의 뇌리에서 영원히 살아남는다.

그런데 그 인물이 살아남는 걸까? 아니면 그 손만 살아남는 걸까?

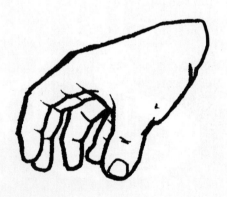

찰스 디킨스는 분명 있는 그대로 진솔하게 세상의 한 단면을 담았다. 그리고 이 묘사가 '진솔하다'는 인상을 주는 건 그 묘사가 독특하다는 데서 비롯된다.

작가는 세상을 면밀하게 관찰하고 자신이 관찰한 내용을 글로 옮긴다. 어떤 소설이 '세상을 충실하게 관찰하고 담아냈다'고 말할 때 우리는 작가가 진술하는 능력이 훌륭하다고 칭찬하는 것이다. 진술은 두 가지 행동으로 이루어진다. 우선 작가는 현실세계를 관찰한다. 그러고 나서 관찰한 내용을 글로 옮긴다. '충실하게 관찰해서' 글을 쓸수록 독자는 작가가 다루고 있는 대상이나 사건을 더 잘 알아듣는다. (다시 말하지만 '보기'와 '이해하기'는 전혀 다른 활동이다.)

작가만의 독특한 표현 때문에 나는 독자로서 스스로 두 가지를 이루었다고 인정할 수 있게 되었다. 하나는, 은빛 물웅덩이라는 섬세한 표현을 (기억하고 있다고) 깨달을 만큼 나 역시 세상을 유심히 살펴왔다는 것. 또 하나는, 참으로 섬세하고 뛰어난 표현이라고 부르짖으며 작가의 솜씨를 흔연히 인정할 만큼 내가 영리하다는 것. 이렇게 인정하면서 나 자신이 무척 기특하다는 생각도 들고 무엇보다 마음이 뿌듯하다. (이 자락자족하는 마음은 깊이 묻혀 있지만 확실히 존재한다.) 앞서 나보코프가 '세심한 독자' 운운하며 어떻다고 했는지 이제 감이 오는가?

***

작가가 '포착한' 대상은 이제껏 속해 있던 현실세계에서 툭 떨어져 나온다. 현실세계에서 사건이나 대상은 끊임없이 움직이는 상태로 존재했을 것이다. 작가는 어쩌면 너른 바다에서 파도 한 조각을 또는 "은빛 물웅덩이" 하나를 잡아냈는지도 모른다. 그리고 단지 글에 언급함으로써 이 파도 조각을 붙들어 맨다. 이제 이 파도 조각은 주위에서 마구잡이로 부딪혀오는 거대한 물결에서 벗어난다. 이 파도 조각을 들어내 재빨리 언어로 고정시키면 더 이상 이리저리 휩쓸려다니지 않게 된다. 이제 이 파도 조각은 옴짝달싹 못하게 되어버린 것이다.

찰스 디킨스가 말한 "은빛 물웅덩이"를 현미경으로 들여다보자. 슬라이드에 물 한 방울을 떨어뜨리듯 찰스 디킨스는 이 사건을 가져와 올려놓고 우리한테 확대해서 보여준다. 하지만 우리가 보는 건 아무리 좋아봤자 현미경 렌즈를 관통하며 왜곡된 모양일 테고, 아무리 나빠봤자 현미경 렌즈 그 자체다. 과학철학에서 핑곗거리 한 마디를 빌려오자면, 우리가 관찰하는 건 대상이 아니라 그 대상을 관찰하려고 고안한 도구다.

그렇다면 '충실하게 관찰해서' 쓴 글이라고 찬사를 보낼 때, 우리는 여러 생각거리를 불러일으키는 그 효과를 칭찬하는 걸까? 아니면 도구가 지닌 매력을 칭찬하는 걸까?

우리는 둘 다라고 생각한다.

***

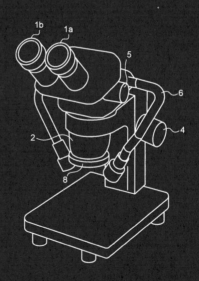

더욱 공을 들여 쓴 터라 더 집중해서 곰곰이 되새기며 읽어야 하는 글은 그만큼 덜 생생할 수밖에 없다. 그 글은 구구절절 설명을 늘어놓을 테지만 동시적이며 완전한 상상, 즉 *게슈탈트*는 되지 못하기 때문이다.

마크 트웨인이 쓴 긴 단락을 읽어보자.

> 강 저편 끝을 보고 있으면 처음 눈에 들어오는 풍경은 희미한 선 비슷한 것뿐이었다. 그건 강 건너편에 있는 나무숲이었다. 그 밖에 아무것도 알아볼 수 없었다. 잠시 뒤 하늘에 희끄무레한 곳이 생기더니 점점 희어지며 사방으로 퍼져나갔다. 그러자 저 멀리 강물이 부옇게 밝아지며 더 이상 검은색을 띠지 않고 회색으로 …… 때때로 삐걱거리며 노 젓는 소리도 들렸다. 천지가 아주 고요해서 여러 목소리가 한데 뒤섞여 먼 데서 들려오곤 했다. 곧 강물에 물떠가 보인다. 빠른 물살이 물속에 잠긴 나무에 갑작스레 부딪혀 그런 무늬가 생겨나게 했다는 걸 물떠 모양을 보면 알 수 있었다. 이제 물안개가 강물 위로 피어오르고 동쪽 하늘이 불그스름하게 밝아오자 덩달아 강물도 불그스름하게 변했다. 그제야 강 건너편 둔덕 너머 저 멀리 나무숲 언저리에서 통나무 오두막 한 채가 어슴푸레 보였다……

여러분에게는 이 광경이 동시에 하나도 안 빼놓고 다 보였는가? 나는 글을 읽어나가면서 차례대로 처음에 희미한 선을 보고 그다음에 희끄무레하게 퍼져나가는 곳을 보고 그다음에 삐걱거리며 노 젓는 소리를 듣고 그다음에 여러 목소리가 한데 뒤섞인 소리를 듣고 그다음에 빠른 물살을 보고……

작가가 인물이나 장소에 대해 그 모습을 빈틈없이 시시콜콜하게 묘사하면 독자가 마음속으로 그리는 그림은 풍성해지지 않을 것이다. 또렷해지지도 않을 것이다. 그렇지만 작가가 펼쳐놓는 세세한 묘사는 그 정도에 따라 독자가 체험할 독서의 질을 좌우한다. 다시 말해 문학작품 속에서 나열되는 형용사는 *미려하게* 문장을 다듬는 힘이 있을지언정 맥락을 잇는 힘은 부족하다.

길게 묘사하는 단락은 무언가 굉장한 의미를 *내포한다*고 우리는 생각한다. 예를 들어보자. 이탈로 칼비노는 『보이지 않는 도시들』에서 제노비아 시를 아주 상세하게 묘사하고 있다.

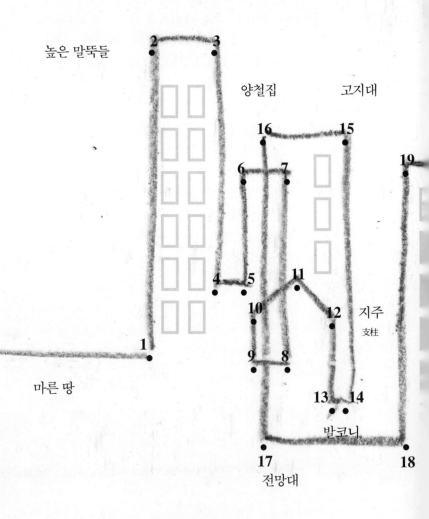

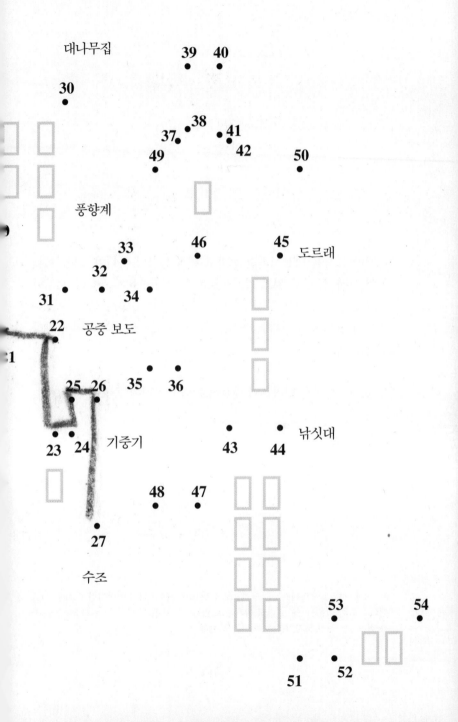

대나무집

39 **40**

30

38
37 **41**
42
49 **50**

풍향계

33 **46** **45** 도르래

32
31 **34**

22 공중 보도

1

25 **26** **35** **36**

23 **24** 기중기 **43** **44** 낚싯대

48 **47**

27

수조

53 **54**

51 **52**

하지만 묘사를 덧붙이기만 한다고 해서 능사가 아니다. 마크 트웨인이 묘사한, 강물 위로 피어오르는 물안개는 내가 통나무 오두막으로 눈길을 돌리는 사이 그만 흩어져버린다. 그리고 통나무 오두막이라는 낱말에 다다를 즈음 안개는 흔적도 없이 뇌리에서 사라진다.*

그렇지만 상상은 얼마든지 덧붙여도 되며 게다가 동시에 일어난다.

*호르헤 루이스 보르헤스는 문학적으로 표현하며 나열한 여러 이질적인 요소를 '디스젝터 멤브러disjecta membra'라고 여기는데, 라틴어에서 온 이 말은 '흩어지거나 쪼개진 유물' 또는 '깨진 도자기 파편'이라는 뜻이다.

(우리는 의자를 보지 않고서 의자가 무슨 색깔인지
알아내려고 주위를 서성거린다…….)

Red

의자가 빨간색이라는 말을 듣고 누군가가 그 의자를 다시 언급한
다면 아마도 나는 이렇게 떠올릴 것이다.
'아, 그 빨간 의자…….'

이탈로 칼비노는 제노비아 시를 매우 세세하게 그린다. 그런데 클로에 시는 그렇지 않다. 클로에 시에서 작가는 환상을 허락하고 초대하기까지 한다.

1

"음탕한 떨림이 끊임없이 부추긴다. ……

이 경우에 우리는 행간에 숨은 말의 힘을 체험한다.

"…… 도시 가운데 가장 순결한 도시……"

『보이지 않는 도시들』로 다시 가보자.

"마르코 폴로가 돌을 하나하나 이어놓은 다리를 묘사한다. 쿠빌라이 칸이 묻는다. '다리를 지탱하는 돌은 어떤

묘사가 길 때, 우리는 형상을,
또는 낱말을 일일이 다 볼 수 없다. ……

인가?' 마르코 폴로가 대답한다. '다리는 어느 돌 하나가 아니라 돌이 모여 이루는 무지개 선으로 지탱됩니다.'"

…… 하지만 낱말마다 또는 형상마다 제 몫의 낱말 또는 형상을
짐처럼 지고 있다.

화려한 묘사처럼 정교한 묘사도 엉뚱한 방향을 가리킬 수 있다. 정교한 묘사는 인물이나 배경, 세계 그 자체에 대해서 특별하고도 의미심장한 무언가를 전하는 듯 보이지만 어쩌면 그런 묘사가 안겨주는 즐거움은 그런 묘사가 보여주는 모습과 반비례할지도 모른다.

화려할수록

진실과는

점점 더 멀어진다

작가인 길버트 소렌티노는 존 업다이크가 쓴 『그달은 일요일뿐이었다』를 탐탁지 않게 여긴다.

> 의도가 '생생하게' 드러나는 글에서는 표현이 통통 튀면 무슨 말이든 허용되는 듯 보인다. …… 이 작품은 사슬처럼 이어진 형상의 무게에 짓눌려 종종 찌그러지고 허물어지며, 자주 비유를 써서 문장을 구성하는데 도리어 드러내고자 하는 현실을 억누르는 역효과를 낸다. '암소 엉덩이 사이로 콸콸 흐르는 오줌처럼 목사의 편지함 구멍으로 쏟아져 들어오는 소식지와 계간지……'

길버트 소렌티노는 이런 글을 "반짝이기는 하나 의미가 깊진 않다"고 말한다.

편지함 구멍과 암소 엉덩이 사이에 어떤 관련이 있는지 떠올리다 보면 좀 당혹스럽다. 심안에 집중하는 데 도움이 될까 해서 두 대상을 이리저리 비교하는 동안 사실 심안에 집중하기는커녕 두 형상 가운데 더 엉큼스러운(이 경우에는 더 망측한) 형상에 집중하게 된다.

이와 대조적으로 장 지오노는 다음과 같이 썼다.
"밤하늘을 올려다봐. 당근꽃처럼 피어난 자그마한 별송이야."

나는 꽃도 보고 밤하늘에 꽃처럼 피어난 별도 본다. 내가 마음속으로 그리는 밤하늘에 그 꽃이 피어나지 않아도 그 꽃 때문에 별이 어떻게 반짝이고 있는지 그릴 수 있다.*

(장 지오노는 이렇게 쓸 수도 있었다. '하얗고 작은 별덩어리'라고. 하지만 이 묘사로 마음속에 꽃이 피듯 별이 피어나진 않는다.)

***

*나에게는 장 지오노가 묘사한 별이 업다이크가 묘사한 편지함 구멍보다 그 의미가 더 명확하게 다가온다. 아마도 장 지오노는 나에게 자신이 묘사한 별을 보여주고 싶었던 반면 존 업다이크는 나에게 뭔가를 보여주고 싶었던 듯하다. 하지만 도대체 뭘? 글을? 장 지오노가 쓴 꽃과 별은 서로 어울린다. 두 형상이 서로를 뒷받침한다.

공연

책읽기가 본궤도에 오르면 우리는 독서삼매에 빠진다. 그리고 공연 아닌 공연을 시작한다.

우리는 책을 연주한다. 정확하게는 책 읽는 행위를 연주한다. 우리는 책을 연주하면서 공연에 참여한다.

(독자로서 우리가 지휘자이자 오케스트라이며, 청중이라는 사실은 두말할 필요도 없다.)

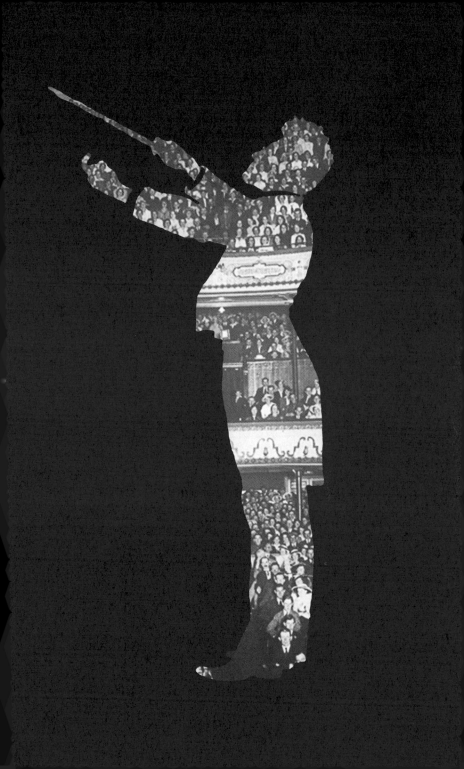

책을 읽을 때, 우리가 하나도 빼놓지 않고 다 보고 있다고 여긴다는 점이 중요하다.

피아노를 직접 연주할 때는 피아노 연주곡을 들을 때와 달리 내가 저지르는 실수를 듣지 못한다. 꿈에 그리던 연주를 상상하며 치는 데 정신이 팔려서 실제로 악기에서 울려퍼지는 음을 듣지 못한다. 그런 의미에서 피아노를 직접 치는 경우 나는 듣는 능력을 제한당한다.

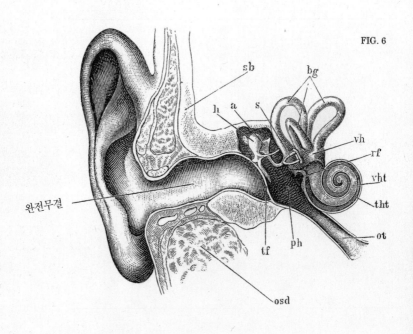

마찬가지로 우리는 책을 읽을 때, 우리가 본다고 상상한다.

책을 읽으면서 우리는 중간중간 건너뛴다…….

노련한 독자는 필요한 내용을 글 어디쯤에서 찾을 수 있는지 아는 듯 보인다.

이렇게 중간중간 뽑아서 책을 읽어나가는 행위는 독서라는 예술활동에 꼭 필요한 요소일지 모른다. 하지만 책 읽는 행위를 되짚어보면 우리가 행하는 이런 면을 얼렁뚱땅 지나쳐버리기 일쑤다.

소설이 선처럼 이어져 있다고 해서 우리가 그 선을 따라가며 차례로 읽
는다는 뜻은 [redacted]

***

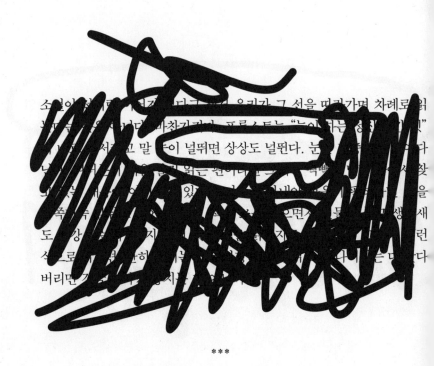

눈이 널뛰면 상상도 널뛴다.

***

소설이 선처럼 이어져 있다고 해서 우리가 그 선을 따라가며 차례로 읽는다는 뜻은 아니다. 눈이 서떨다. 한편 한~~~ ~~~는 "눈이 하는 ~~~~~~~ 이 바로 독서라고 말한다. 눈은 깡충깡충 떠어다닌다~~~~~~ 떠어다닌다. 책을 쓰윽 훑으면서 인물이나~~~~~~~~~~~~~~ 훑~~~~~~~~~~~~~~~~~항만 고~~~~~~~~~~~~~~~~~~~~~~~~~~~~ 를~~~

***

소설이 선처럼 이어져 있다고 해서 우리가 그 선을 따라가며 차례로 읽는다는 뜻은 아니다. 눈이 널뛰면 상상도 널뛴다. 프루스트는 "눈이 하는 정신 나간 짓"이 바로 독서라고 말한다. 눈은 깡충깡충 뛰어다닌다. 여러분이 책을 빨리 읽는 편이라면, 그래서 빽빽한 낱말 속에서 찾고 있는 내용이 어디쯤에 있다고 바로 알아내야 마음이 편하다면 책을 이쪽저쪽 앞뒤로 뛰어다닐 것이다. 책을 쓰윽 훑으면서 인물이나 그 생김새도 대강 훑을 것이다. 그저 이런 맛에 책을 읽는지도 모르겠다. 그런데 이런 식으로 읽으면, 빤히 보이는 세부 사항만 골라 읽고 그 나머지는 다 갖다버린다면 결국 다 놓치는 게 아닐까?

***

오른쪽: 닥터 지바고

二

I

non-funeral.

신부님이

열 살 먹은 소년이

들창코를 한 얼굴이   목을 쭉
내밀었다.

검은 옷을 입은 한 사내가

스케치

물론 올리버 색스가 자신의 저서 『환각』에서 일깨워준 대로 "사람은 눈으로 보지 않고 마음으로 본다".

그런데 우리 마음은 눈의 착시나 동요를 깨닫지 못한다.

우리는 흩어져 있는 그림 조각을 하나씩 맞춰나간다. 지금 읽고 있는 내용에 대해 대략 윤곽을 잡고 그 안을 조금씩 채우면서 명암도 집어넣고 색도 입힌다.

머릿속으로 이질적인 조각을 서로 합치고 간단한 윤곽선이 전부인 바탕에 새로운 그림을 그려낸다. (그런데 지금 나는 시각적인 은유를 들어 어떤 과정이 의미를 지닌다고 묘사하고 있다.)*

---

*"어떤 명제를 이해하는 데 있어 그 본질이 명제와 연관지어 무엇이든 반드시 상상해야 하는 데 있지 않듯 명제를 바탕으로 꼭 스케치를 그려야 하는 데에도 있지 않다."
　　　　　　　　　　　—루트비히 비트겐슈타인, 『철학적 탐구』

The Metamorphosis

1

As GREGOR SAMSA awoke one morning from un
dream he found himself transformed in his bed in
gigantic insect. He was lying on his hard, as it w
armor-plated, back and when he lifted his head a li
he could see his dome-like brown belly divided into
arched segments on top of which the bed quilt co
hardly keep in position and was about to slide off c
pletely. His numerous legs, which were pitifully
compared to the rest of his bulk, waved helplessly be
his eyes.

What has happened to me? he thought. It was
dream. His room, a regular human bedroom,
rather too small, lay quiet between the four fam
walls. Above the table on which a collection of c
samples was unpacked and spread out—Samsa w
commercial traveler—hung the picture which he
recently cut out of an illustrated magazine and put
a pretty gilt frame. It showed a lady, with a fur ca

어떤 사람은 책에 나오는 인물이나 장소에 대해 자신이 알고 있는 모습을 명확하게 고정시켜 붙들어 매어두려고 실제로 책을 읽으면서 그림을 그린다. 블라디미르 나보코프가 그렇게 했다. 왼쪽 그림은 카프카가 그린 그레고르 잠자다.

***

에블린 워는 일러스트레이터였다. 에드거 앨런 포는 초상화를 잘 그렸다. 헤르만 헤세는 솜씨 좋은 화가였다. 에밀리 브론테와 샬럿 브론테도 그림을 그렸다. 괴테나 도스토옙스키, 조르주 상드, 빅토르 위고, 존 러스킨, 존 더스패서스, 윌리엄 블레이크, 알렉산드르 푸슈킨 등등도 마찬가지였다.

러디어드 키플링

에드거 앨런 포

샤를 보들레르

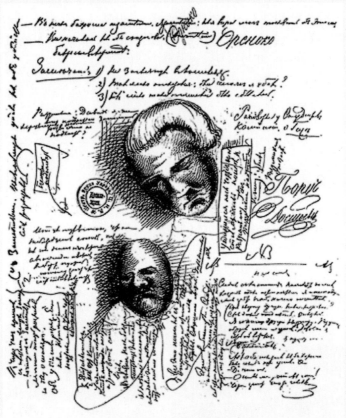

『죄와 벌』을 쓰며 도스토옙스키가 한 스케치.

어떤 작가는 머리를 식히려고 그림을 그릴는지 모른다. 하지만 작가한테 그림은 이따금 탐구를 돕는 도구가 된다. 때때로 작가는 그 모습을 언어로 더욱 그럴듯하게 표현하려고 인물이나 장면을 그림으로 그려본다. 그림은 작가가 인물을 묘사하는 데 도움을 줄 수 있다. 그리고 작가는 마음속에 떠다니는 모호한 이미지를 묘사하느니 자신이 그린 그림을 보며 묘사할 수도 있다.

제임스 조이스가 그린 리오폴드 블룸.

이런 그림은 개인적인 영역이다. 오로지 작가 자신만이 보려고 그린 그림이다. 소설 초고가 그렇듯이.

작가는 한가한 낙서꾼일지도 모른다. 제임스 조이스는 리오폴드 블룸의 모습을 대충 휘갈겨 그렸다. 그리고 내 생각에 제임스 조이스는 이 그림을 독자한테 보여줄 생각이 전혀 없었다.*

제임스 조이스가 끄적거린 그림은 리오폴드 블룸에 대해 묘사한 글을 읽을 때 영향을 미치지 않는다. 그 그림은 내가 마음속에 그린 리오폴드 블룸과 전혀 닮지 않았다. 제임스 조이스가 그린 리오폴드 블룸은 캐리커처에 가깝다.

그리고 위대한 작가는 언어로 표현하는 솜씨는 매우 뛰어날지라도

---

*제임스 조이스는 앙리 마티스가 『율리시스』에 삽화를 그리는 데 동의했다. 그런데 앙리 마티스는 제임스 조이스가 쓴 이 『율리시스』를 읽지 않고 대신 호머가 쓴 작품을 읽는 것으로 만족한 듯하다.

위 그림은 윌리엄 포크너가 그린 것으로 우리가 이 그림을 통해 알 수 있는 내용은 거의 없다.

그림 그리는 재주는 대체로 아주 형편없다는 점에서 두 표현 수단으로 묘사한 각각의 모습을 관통하는 어떤 의미를 애써 찾는 건 부질없어 보인다.

예를 들어 윌리엄 포크너가 쓴 글과 그린 그림을 비교해보면 그 표현 방식은 뚜렷이 다르다.

프란츠 카프카는 요제프 K이거나 그 비슷한 인물로 보이는 그림을

그렸다. (아니면 카프카 자신을 그렸던 걸까?)

체코 시인 구스타프 야누흐는 카프카가 그린 그림과 관련해서 흥미로운 이야기를 들려준다.

> 내가 다가가자 카프카는 연필을 종이에 내려놓았다. 그 종이에는 아무렇게나 그린 기이한 그림으로 빼곡했다.
> "그림을 그리고 있었습니까?"
> 카프카는 쑥스럽게 미소를 지었다.
> "아닙니다. 그냥 제멋대로 막 그린 거예요."
> "좀 봐도 될까요? 아시다시피 제가 그림에 관심이 좀 있습니다."
> "남한테 보여줄 만한 그림이 아닙니다. 저 혼자 보려고 그린 그림이라 알아보기 힘든 상형문자 같을 겁니다."
> 카프카는 종이를 집어 두 손에 쥐고는 구깃구깃 공처럼 말아 책상 옆 쓰레기통으로 휙 날려버렸다.
> "제가 그린 그림은 공간적으로 비례가 맞지 않습니다. 인물들은 자신만의 시야가 없어요. 제가 붙잡고자 하는 모습은 하나같이 그 시각이 종이 밖에 놓여 있습니다. 연필 위쪽 뭉툭한 끝에, 바로 내 안에 있습니다!"

카프카가 자신이 그린 그림에 대해 말한 내용은 자신이 쓴 소설에도 대부분 그대로 적용할 수 있다. 막스 브로트에게 자신이 쓴 작품을 다 태워버리라고 부탁했을 때도 카프카가 비슷한 이유를 댔을지 궁금하다. 작품마다 그 시야가 '종이'라는 경계 너머로 뻗어나가고 있다고. 그렇다고 카프카가 그린 그림이 글만큼이나 중요한 의미를 지닌다는 말은 아니다. 하지만 이 그림이 카프카가 쓴 글을 해석하는 또 다른 방법을 가리키는 건 아닐까 싶기도 하다.

***

어떤 작가는 자신이 창조한 세계를 직접 그림으로 그려 주제를 표현하기도 하는데, 때로 이런 그림이 삽화로 책에 실린다. (이런 작가는 삽화가를 겸하는 작가가 되는 셈이다.) 윌리엄 새커리를 예로 들 수 있다. 아래는 윌리엄 새커리가 『허영의 시장』이란 작품에 직접 그린 삽화다.

이미 소설이나 이야기에 그 내용을 그린 그림이 실렸기 때문에 독자로서는 백지 상태에서 상상해야 한다는 부담감을 덜 수 있다. 헨리 제임스는 『황금 잔』에 쓴 서문에서 이렇게 말했다.

> 내용도 훌륭해야 하고 줄거리도 흥미로워야 하며 어떤 의문이 독자의 머릿속에 떠오를라치면 바로 그림을 그려 보이듯 생생하게 묘사해야 한다는 책임감에서 벗어나 글을 쓴다면 아무리 충실하게 쓴 것일지라도 그 자체만으로 최악이다.

***

내가 알기로 삽화가 있는 책을 읽을 때 그 그림은 내가 마음속으로 그리는 상상을 이룬다. 하지만 그 삽화를 보고 있는 동안만이다. 잠시 시간이 흐르면, 물론 삽화가 책 속에 얼마나 자주 등장하느냐에 따라 그 시간은 천차만별이지만, 그 삽화 때문에 머릿속에 떠오르는 특정한 형상은 점점 희미해진다.*

* 즉, 페이지마다 그림이 나오는 책만 읽지 않는다면 그렇다는 말이다. 페이지마다 그림이 나온다면 작가가 강요하는 상상력을 피할 뾰족한 수가 없다. 그것 참.

루트비히 비트겐슈타인은 (이번에는『철학적 문법』에서) 다음과 같이 썼다.

"기억 속에 묻혀 있던 그림이 잇따라 마음속에 떠오르는 경험을 할 때가 있다. 하지만 그 그림은 대개 기억 저편 여기저기에 흩어져 있을 뿐이다. 삽화가 군데군데 책 속에 들어 있는 것처럼."

나에게는 이 말이 옳게 들린다. 그리고 책을 읽는 동안 상상하는 일도 이와 똑같다고 말할 수 있다. 그래도 여전히 의문은 남는다.

그렇다면 같은 책이라도 삽화가 *전혀 없는* 부분을 읽으면서 우리는 뭘 보는 걸까?

솜씨

스케치는 주제에 얼마나 맞게 그렸는가에 따라 가늠해볼 수 있다. 또한 환상적인 요소를 얼마나 가미했는가에 따라서도 가늠해볼 수 있다. 하지만 그 수준은 대부분 그림을 그린 사람의 솜씨에 달려 있다.

이야기를 읽으면서 우리가 상상으로 쌓아 올리는 형상, 즉 마음속 스케치도 마찬가지다. 어떤 독자는 다른 독자와 비교해서 더 생생하게 상상할 수 있을까? 책읽기가 촉발하는 상상력은 누구한테나 골고루 주어진 소질일까?

내 생각에 상상력은 시력과 비슷하다.—사람이라면 거의 지니고 있는 능력이란 말이다. 물론 눈으로 볼 수 있다고 해서 다 똑같이 예리하게 보는 건 아니지만.

A

20/200

N N

20/100

A K A

20/70

R E N I N

20/50

A A N N A K A

20/40

R E N I N A A N N

20/30

A K A R E N I N A A

20/25

N N A K A R E N I N A

20/20

이따금 누구에게든 "상상력 한번 기발하네!"라고 말할 때가 있다. '정말 독창적이야!'라거나, 아니면 좀더 부정적인 태도로 '제정신이 아니거나 제멋대로군!'이라는 의미로. 하지만 둘 모두 그 사람이 마법을 부리듯 무슨 일인가를 할 수 있다고 말하는 셈이다. 작가가 펼치는 상상력을 칭송할 때 우리가 칭송하는 내용은 상상을 글로 옮기는 능력이라고 생각한다. 작가라고 해서 그 영혼이 다른 사람에 비해 더 자유롭다는 건 아닐 테니까. 아마 그 반대일 가능성이 더 높다. 작가는 영혼이 덜 거칠다. 그래서 생각을 억누르고 길들여 종이 안으로 몰아넣는 일이 더 수월한 것이다.

이야기도 그렇고 이야기 속에 사는 인물도 그렇고 우리가 굉장히 빈약하게 상상하는 순간에만 불완전하게 보이는 걸까?

어린아이는 그림책을 읽는다. 조금 더 크면 사이사이 그림이 들어가 있는 책을 읽는다. 더 자라서 청소년이 되면 그림이 전혀 없는 책으로 옮겨간다. 우리가 읽는 법을 단계별로 천천히 배우기 때문에 이런 과정이 존재한다. 마찬가지로 혼자서 이야기를 상상하는

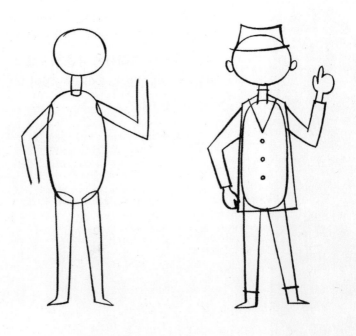

법 역시 나이를 먹어가면서 배우는 건 아닐까. 시간이 흐를수록 상상력을 더 깊이 파고 들어갈 수 있고 실제로 더 깊이 파고 들어가 숨겨진 존재를 캐내는 건 아닐까.

그렇다면 그림 그리는 법을 연습하듯 상상하는 법도 연습이 가능할까? 더 *생생하게 상상하기* 위해서?

어떤 독자가 다른 독자와 비교해 더 낮게 또는 더 못하게 상상한 다면 어떤 문화는 다른 문화에 비해 더 능수능란하게 상상할까?

문화가 늙었다면 상상하는 데 쓰는 근육도 덩달아 약해질까? 사진과 영화가 나오기 전에는 지금보다 더 그럴듯하게, 더 정확하게 상상했을까? 기억력이 줄어들면 시각적인 독창성도 똑같이 줄어들까? 몹시 궁금하다. 우리 문화에서 시각적인 자극이 너무 넘쳐난다는 사실을 두루두루 토론하고 나서 내린 결론은 자못 걱정스럽다. (심지어 어떤 사람은 상상력이 죽어가고 있다고 말한다.) 상상력이 상대적으로 건강하든 건강하지 않든 우리는 여전히 책을 읽는다. 이미지가 급속도로 퍼진다 해도 글을 못 읽게 막을 수는 없다. 책이 우리에게 바치는, 책만이 줄 수 있는 독특한 기쁨이 있기에 우리는 책을 읽는다. 그 기쁨은 영화도 텔레비전도 그 어떤 것도 대신 줄 수 없다.

책은 어떤 자유든 너그럽게 베푼다. 책을 읽을 때에는 영혼이 뛰놀 수 있는 자유가 우리에게 있다. 적극 참여해서 이야기를 짓게도 하고 이야기에 상상의 나래를 달게도 한다.

그런데 상상으로 세운 나라에서 우리가 그린 희미한 윤곽 너머로 한 걸음도 내딛을 수 없다면, 아마 이 점이야말로 우리가 글로 쓰인 이야기를 사랑하는 여러 이유 가운데 중요한 것이 될지도 모르겠다. 즉, 때때로 우리는 *거의 아무것도 보고 싶어하지 않는다는* 말이다.

"그때는 '영화'라는 게 없었어요. 극장에 갈 기회도 아주 드물었죠. 그런데 오후만 되면 지루하던 어느 날, 읽는 법을 배우고 나서 '스코틀랜드의 왕들'에 푹 빠져버렸어요. 느긋하게 책을 읽을 수 있는 삶이 주는 매력은 마음 내키는 대로 뭐든 상상할 수 있다는 점이에요. 헬렌 마르가 아름답다고 굳이 들을 필요도 없어요. 헬렌 마르가 한껏 들떠서 '내 사랑 월리스!' 하고 외치는 소리를 듣기만 해도 헬렌 마르는 스코틀랜드를 통틀어서 가장 사랑스러운 여인이라는 걸 저절로 알게 되지요."
— 모리스 프랜시스 이건, 『어느 애서가의 고백』

공동 창작

에른스트 곰브리치는 예술작품을 바라볼 때 '순결무구한 눈'은 없다고 말한다. 예술활동을 하며 천진난만하게 예술적 형상을 받아들이는 경우는 세상에 없다. 책읽기 역시 마찬가지다. 화가나 작가나 비디오 게임 속 참가자가 그러하듯 우리는 선택을 한다.—우리에게는 *아바타*가 있다.

함께 창작하고 싶을 때 우리는 책을 읽는다. 그런데 내용을 함께 나누고도 싶지만 내 것으로 삼고도 싶다. 그렇다면 그럴듯한 이야 기보다 장서표 같은 그림이 더 나을지 모르겠다. 적어도 그 그림 은 *내 것*이니까.*

***

---

*그래도 독자는 여전히 이야기 속에 '무아지경'으로 빠져들고 싶다고 주장한다.

ΌΣ ΤΑ ΚΛΕΙΝ'
ΑΙΝΙΓΜΑΤ'
ΉΙΔΕΙ ΚΑΙ
ΚΡΑΤΙΣΤΟΣ ἮΝ
ΑΝΗΡ

EX LIBRIS

SIEGMUND FREUD

마르셀 프루스트는 책읽기에 대해(더 정확하게는 존 *러스킨* 읽기에 대해) 쓴 책에서 이렇게 말한다.

"정말이지 좋은 책이 지닌 훌륭하고 멋진 특성 가운데 하나라고 말하지 않을 수 없다. 작가한테는 '결말'이라고 부르지만 독자한테는 '자극'이라고 부른다는 점이."

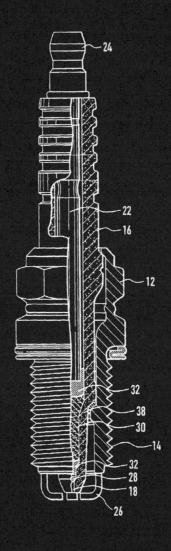

좋은 책은 상상하도록, 그래서 작가가 제시하는 세계를 채우도록 *자극한다.* 이러한 공동의 창작활동 없이, 즉 내면화하는 작업 없이 우리에게 남는 건 이것뿐이다.

왼쪽에 여러분이 아는 안나 카레니나가 있다.

←——————————————————

왼쪽에 있는 이 사진은 날강도 짓으로 얻은 거나 다름없다.

***

책을 읽고 그 내용을 상상할 때 우리는 책이 변화와 반전을 선사해 주길 바란다. 감추고 싶은 어떤 부분을 콕 짚어주길 바란다.

프란츠 카프카는 『변신』 책 표지에 대해 디자이너가 자신이 묘사한 벌레 모습을 그대로 따라 할까봐 두렵다고 출판사에 편지를 썼다.

그러지 마십시오. 제발 그러지 마십시오. 벌레 자체는 무엇으로 도 표현될 수 없습니다. 멀리 있어서 보이지도 않습니다.

벌레를 그리지 말라니, 이 말이 더 요상하게 들린다. 카프카는 독자가 상상하는 영역을 보호하려고 그랬던 걸까? 카프카 작품을 옮긴 한 번역가가 넌지시 이렇게 말했다. 어쩌면 카프카는 벌레가 독자의 마음속에만 보이길 바랐는지도 모르겠다고. 그렇다면 *열심히 찾아보는 수밖에.*

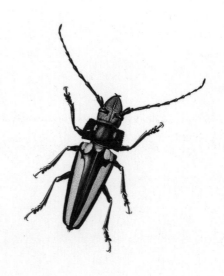

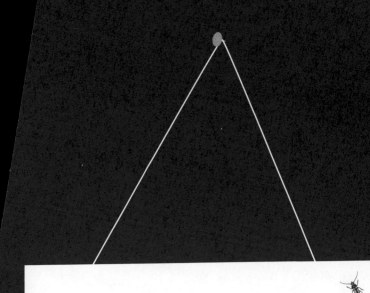

미술관 문 닫음

다른 선택도 있다. 독자 입장에서 보면 마음속으로 상상하는 일은 노력을 기울여야 하는 일일지도 모른다. 하지만 언어로 표현하는 생각을 지지하고 그림으로 표현하는 생각에 저항하는 일 역시 독자가 선택할 몫일지도 모른다.

역사도 좋고 지리도 좋고 세상을 많이 알면 알수록 우리의 생각과 '세상을 바라보는 작가의 관점' 사이에 난 간격을 더욱 좁힐 수 있다. 나는 헤브리디스 제도를 찾아가보거나 그 섬을 묘사한 다른 책을 읽어야 했는지도 모른다. 그 시대의 의상이나 실내 장식이 나온 그림 또는 사진을 찾아보거나 빅토리아 시대의 생활상에 대해 공부해야 했는지도 모른다……. 어쨌거나 이런 지식을 쌓아놓으면 램지 부인 댁 거실이나 식당을 어느 정도 그럴듯하게 상상하는 데 도움은 된다.

작가가 배경을 머릿속에 그릴 때는 우리가 사진이나 그림으로 쉽사리 볼 수 있는, 현실세계에 있는 어느 장소를 염두에 둔 것일까? 『등대로』에서 배경이 된 그 집은 버지니아 울프네 여러 집 가운데 하나를 토대로 그렸을까? (작가인 한 친구가 『등대로』를 읽으면서 그랬듯이) 나도 내 생각이 정말인지 찾아보고 싶은 마음이 굴뚝같았다. 스카이 섬 등대 사진을 찾는 일은 어렵지 않다. 그런데 이렇게 하면 나는 무엇을 잃을까? 책을 읽으면서 내가 마음속에 그린 상상은 신빙성을 얻겠지만 친밀감은 잃어버릴 것이다. (나한테 램지 부인이 여름이면 가는, 손님으로 북적거리는 별장은 우리 가족이 코드 곶에서 여름을 보낼 때 빌리던, 야단법석 시끌벅적하던 집과 비슷하다. 코드 곶에 대한 이런 인상은 나에게 무척 친숙하다. 이 인상이 나를 책에 공감할 수 있도록 이끈다.) 친구는 울프가 헤브리디스 제도에 마련한 집을 나에게 묘사하려고 했지만 나는 말을 못 하게 막았다. *내가 떠올리는 램지 부인 댁은 그리움이지 정물이 아니기 때문이다. 그리고 나는 이 감정을 고이 간직하고 싶다. 사실로 그 자리를 대신 메우고 싶진 않다.*

그런데 어쩌면 그 집은 *그저 그런* 감정의 산물이 아닐지 모른다……. 그리고 그 감정은 형상보다 앞설지 모른다.

집의 형상과 집이 내 마음에 불러일으키는 감정은 복잡한 원자를 구성하는 핵이다. 이 원자 주위를 다채로운 소리와 휙휙 스쳐가는 광경, 파노라마처럼 꼬리에 꼬리를 물고 이어지는 나만의 기억이 빙빙 돌고 있다.

책을 읽을 때 우리가 '보는' 이런 모습은 지극히 개인적인 영역이다. 우리가 *보지 못하는* 부분이라면 작가가 자기 이야기를 쓰면서 스스로 상상하는 부분이다. 즉, 이야기는 모두 해석될 운명을 지니고 있다. 그리고 우리는 풍부한 상상력을 발휘해서 이야기를 해석한다. 끝도 없이 연상력을 발휘해서 이야기를 해석한다. 그리고 이렇게 해석한 이야기는 바로 우리 것이 된다.

***

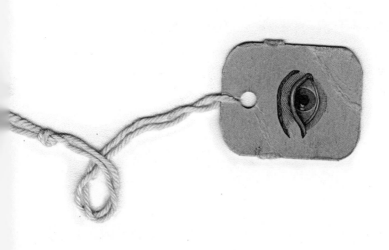

한 친구는 교외에 위치한 올버니에서 자랐다. 어렸을 때부터 손에서 책을 놓은 적이 없을 정도로 독서광인데, 어느 날 그 친구가 나한테 말하길, 자신은 책을 읽을 때마다 머릿속에서 고향 마을 곳곳에 있는 뒷마당과 사이사이 골목길에 이야기가 자리를 잡는다는 것이다. 달리 참고로 삼을 만한 틀이 없기 때문이라면서.

나 역시 마찬가지다. 책을 읽으면서 내가 배경으로 삼는 곳은 대부분 내가 자란 케임브리지나 매사추세츠. 그래서 운명적인 만남이 이루어지는 무대, 예를 들어 장 크리스토프나 안나 카레니나나 모비딕이 출현하는 무대는 지역 공립학교 혹은 이웃집 뒷마당 등등이다. 이런 엄청난 대모험을 아주 평범한 색깔로 재구성한다고 생각하면 이상하고 우스꽝스럽게 들릴지도 모르겠다. 세상 구석구석에서 벌어지는 온갖 모험이 오로지 의지의 힘으로 강제 소환당해서 시시하고 낭만적인 구석이라곤 요만큼도 없는 배경으로 바뀌어 다시 펼쳐진다.

하지만 배경이 싹 바뀌었다고 해서, 독서 경험이 개인적인 영역으로 축소되었다고 해서 책을 읽고 재구성한 나만의 해석이 주눅 들진 않는다. 친구와 나는 엉덩이를 붙이고 앉아 소설작품을 읽을 때면 누구나 겪는 과정을 어느 정도까진 겪고 있었던 셈이다.

***

우리는 우리에게 친숙한 무기로 책을 정복한다. 그러고는 인물을
추방시킨 다음 우리가 익히 잘 알고 있는 세계로 강제 소환한다.

비소설 작품을 읽을 때도 비슷한 느낌을 낳는다.

스탈린그라드 전투에 관한 책을 읽을 때, 폭격을 퍼부으며 포위망을 좁혀나가 마침내 점령한 뒤 해방시키는 과정이 내 상상 속에서는 맨해튼에서 일어난다. 혹은 맨해튼이 아닌 다른 장소에서 일어난다. 거울 나라의 맨해튼. 가상의 맨해튼. 통치는 구소련이 하지만 거리 모습은 맨해튼인 맨해튼그라드.

여기서 사뭇 다른 점은, 소설 속 배경도 실제 현장을 토대로 하지만 소설을 읽을 때와 달리 묘한 도덕적 의무감을 느끼며 실제 스탈린그라드에 대해 더 알아봐야겠다는 생각이 든다는 점이다.
내가 주문 제작한 스탈린그라드는 환상이다. 그런데 개인적인 경험으로 재구성한 장면 때문에 나를 이 대하드라마에서 죽은 희생자와, 실제 역사에서 일어난 비극적인 사건으로 인해 죽은 희생자와 어렵지 않게 동일시할 수 있다. 하지만 당연히 내가 머릿속에서 재구성한 배경은 어느 정도 불친절하고 서로 어울리지 않는다.*

*그래도 비소설류를 읽을 때마다 나는 여전히 내 경험을 이야기에 접목시킨다. 어떻게 그러지 않을 수 있단 말인가?

무대에 오른 연극 공연을 볼 때는 다른 잣대를 댄다. 우리가 그리고 싶은 대로 햄릿을 상상하는 한 그 햄릿은 우리 것이다. 새로운 제작진이 새롭게 각색해서 새로운 배우가 공연을 할지라도. 우리는 *배우*에 따라 햄릿이 각기 다른 인물이라고 여기지 않는다. 햄릿은 분명 우리 안에 깃들어 있기 때문이다. 이미 연기된 채로. 그리고 덴마크로 *무대장치*를 꾸미지만 감독이나 무대 디자이너가 상상하는 장소면 어디로든 바뀔 수 있다.

소설을 설명할 때 *배우*니 *무대장치*니 이런 용어를 쓸 수밖에 없는 걸까?

소설을 읽는 건 나 혼자만의 연극을 상연하는 일 아닐까? 책을 읽는 건 배우를 뽑고 무대를 꾸미고 감독을 하고 분장을 하고 연출을 하고 무대를 지휘하는 일 아닐까?

연극처럼 책을 *상연한다*고 말할 수는 없지만.

독서 상상 극장

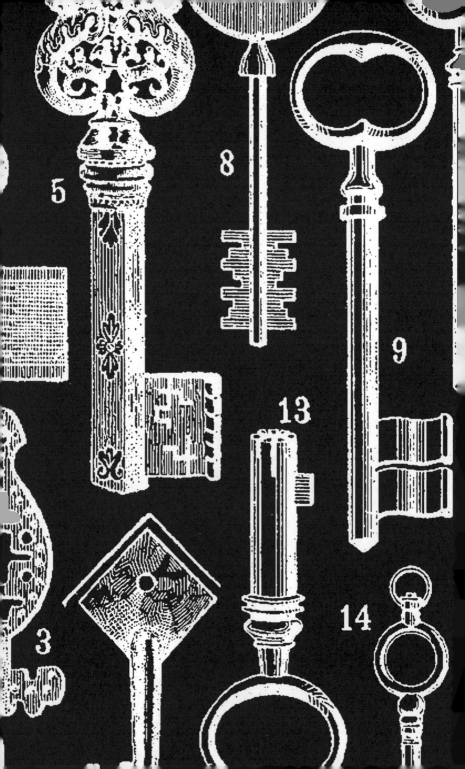

소설가는 대상과 장소와 인물을 그린다. 우리는 우리가 그리는 대상과 장소와 인물이 소설가가 그리는 대상과 장소와 인물이 되길 바란다. 동시에 소설가가 그리는 대상과 장소와 인물도 우리가 그리는 대상과 장소와 인물이 되길 바란다. 하지만 이런 바람은 모순이다. 특별 접근권을 바라는 일이며 결국 탐욕이나 다름없다. 하지만 고립에 대비해 마련하는 방책이기도 하다.—우리는 책을 통해 상상을 함께 *나누는* 셈이니까.

(아니다. 어쩌면 상상을 빌려오는 거라고 말하는 게 더 나을까? 아
니면 훔치는 거라고?)

작가	찰스 디킨스
서명	황폐한 집
반납일	대출자 성명
	블라디미르 나보코프

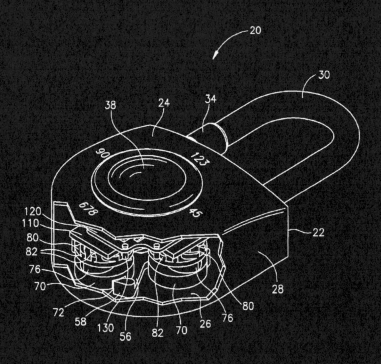

물론 우리는 책이 비밀을 간직하고 있다는 생각을 인정한다. 그래
서 책이 *과묵하다*는 생각 역시 인정한다. (앞서 말했다시피 책은
추리적인 요소를 철통같이 지켜야 하니까.)

책을 읽을 때 우리가 좋아하는 건 무엇이든 상상할 수 있을까? 우리가 상상을 어떤 테두리 안에 가둘 때 작가가 하는 역할은 무엇인가?

공동 창작이거나 롤랑 바르트가 주장한 '작가의 죽음'이거나?

> 일단 작가가 제거되면 텍스트를 해석하며 주장을 펼쳐봤자 별 소용이 없다. 텍스트를 작가의 의도대로 해석하는 건 텍스트에 한계를 짓는 일이며 마지막 시니피에로 장식하는 일이며 글쓰기를 종결하는 일이다.

> 독자는…… 그저 글을 구성하는 온갖 흔적을 한 장소에 전부 끌어모아 아우르는 사람일 뿐이다.

작가를 "제거"한다는 말은 "의미"를 수동적으로 받아들이는 틀이 없어진다는 뜻일 뿐 아니라 독자가 주어지는 심상을 고분고분하게 받아들이는 또 다른 틀 역시 사라진다는 뜻이다.—결국 작가의 죽음을 기정사실로 받아들인다면—우리는 누구에게서 심상을 받아들이고 있는 걸까?

**

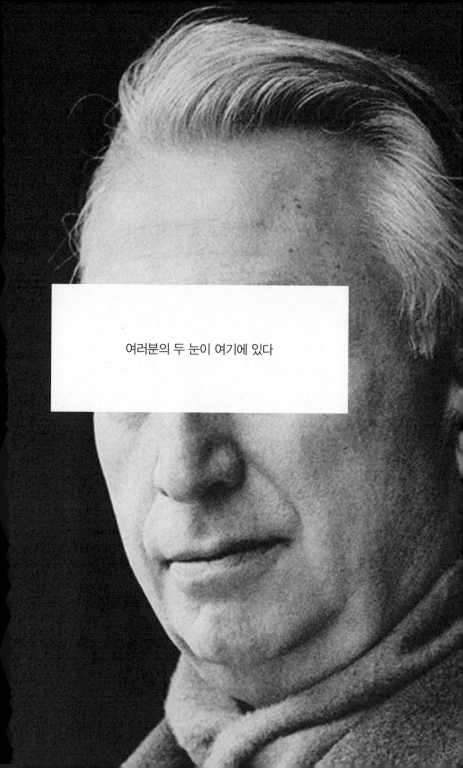

여러분의 두 눈이 여기에 있다

지도와 규칙

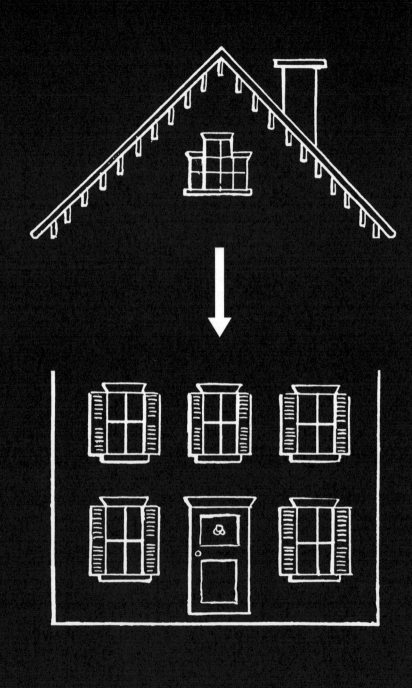

『등대로』에서 벌어지는 사건은 헤브리디스 제도에 위치한 집에서 펼쳐진다. 나한테 그 집을 묘사하라고 한다면 몇몇 특징을 짚어서 말해줄 수 있다. 하지만 안나 카레니나의 모습을 머릿속에서 상상할 때와 흡사하게 그 집은 여기서는 덧문만으로, 저기서는 지붕창만으로 그려진다.

앗, 하늘을 가릴 만한 게 없네! 그제야 지붕을 그린다. 하지만 돌로 지붕을 이었는지 나무로 지붕을 이었는지 모르겠다. 나무다, 하고 이제 막 결정을 내린다. (이따금 우리가 내리는 선택은 매우 중요하다. 물론 그렇지 않을 때도 있지만.)

램지 씨네 땅에는 정원과 산울타리가 있다고 들었다. 바다와 등대가 한눈에 바라다보인다. 이 무대에 배우를 한 사람씩 대충 세운다. 주변을 지도로 만들어보지만 이 일은 분명 상상하는 일과는 거리가 있다. 우리 앞에 드러나는 대로 세계를 시각적으로 재창조한다는 점에서 그렇다.

(블라디미르 나보코프 역시 여러 소설을 지도로 그려보곤 했다.)

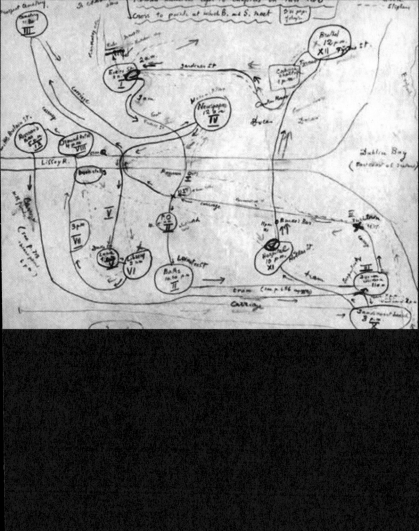

나 역시 종종 그렇게 해보곤 한다. 한번은 『등대로』를 지도로 그려본 적이 있다.

그때도 그랬지만 지금도 램지 씨네 집을 정확하게 그릴 수 없다.

소설 속 배경을 그린 지도는 실제 공간을 그린 지도처럼 어떤 기능이 있다. 결혼 피로연 장소를 가리켜주는 지도는 결혼 피로연이 어떨지 상상할 수 있는 그림이 아니다. 오히려 행동 지침서에 가깝다. 우리가 머릿속에 그린 램지 씨네 집 지도도 다르지 않다. 등장인물이 하는 행동을 좌우한다.

윌리엄 개스는 이렇게 말한다.

> 우리는 분명 상상을 한다. 내 생각으로는 그렇다. 장갑을 어디에 뒀더라? 머릿속으로 먼저 방을 뒤진 다음에야 장갑을 찾는다. 그런데 내가 장갑을 찾으려고 뒤진 방은 관념이다. 단순한 도식에 불과하다. …… 나는 그 방을 장갑이 있을 법한 여러 장소로만 이루어진 세트라고 생각한다.

램지 씨네 집은 램지 씨가 있을 법한 여러 장소로 이루어진 세트다.

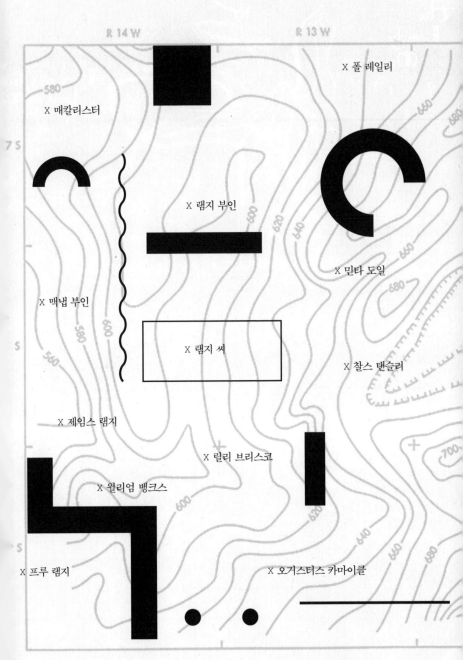

East lie the Iron hills
where is Dain.

the
Lonely
Mountain

Here was Gir
lord in D.

Here of old was Thrain
King under the Mountain

The Desolat
of Sr

Far
to the North
are
the Grey Mountains
&
the Withered heath
whence came the

Great Worms.

West lies Mirkwood the Great
there are Spide

눈에 보이면 곧 신뢰할 만하다고 우리는 가끔 착각하기도 한다. 어떤 책은 우리에게 심상을 선사하고 있는 듯하나 실은 허구로 포장한 *사실*을 보여주고 있다. 한 걸음 더 나아가 보편타당한 세상의 이치를 담고 있다. 그리고 세부 묘사가 구전 설화와 결합하여 독자에게 상상할 여지를 준다. J. R. R. 톨킨이 쓴 『반지의 제왕』 3부작이 그런 책이다. 면지에서는 독자에게 리벤델의 위치를 알고 싶어 할 거라며 속삭이고 부록에서는 요정 언어를 배워두는 게 여러모로 현명한 처사라며 슬며시 부추긴다. (면지에 실은 지도로 늘 미리 귀띔을 해주기에 독자는 책에 대해 대략적인 개요를 파악한 뒤 첫 장을 넘긴다.)

이런 책을 쓰려면 박학다식해야 한다. (그리고 박학다식한 지식은 이런 책이 지닌 커다란 매력이다.) 중간계의 신화와 전설을 배울 수 있을 뿐만 아니라 식물과 동물에 대해서도 식견을 넓힐 수 있다. (판타지 장르가 아니더라도 소설에 등장하는 허구세계를 마찬가지로 연구할 수 있다. 예를 들어 데이비드 포스터 월리스가 쓴 『무한한 흥미』를 읽으며 '북미 민족의 구성'에 대해 탐구할 수 있다.)

이런 환상의 세계에서는 그 구성 요소나 구성 내용을 *끝없이* 펼쳐 보일 필요가 있다. 작가는 우리를 이야기가 흘러가는 길로 이끌지만 우리는 그 자취를 놓치고 덤불숲을 헤치며 힘겹게 나아가는 인상을 늘 받는다. 그리고 마침내 방랑에 마침표를 찍을 즈음 뭔가 낌새를 진하게 풍기며 인적미답의 세계로 남아 있는, 아직 불빛을 비추지 않은 어두운 곳을 발견하게 된다.

그렇다고 작가가 그럴듯한 세계나 인물을 창조하려고 세부 묘사를 차곡차곡 쌓아둘 필요는 없다.

주변에 놓인 여러 요소로 그 모습을 밝힐 수 있기 때문이다.—그 이상 아무것도 필요 없다. 단, 규칙은 정할 수 있다.

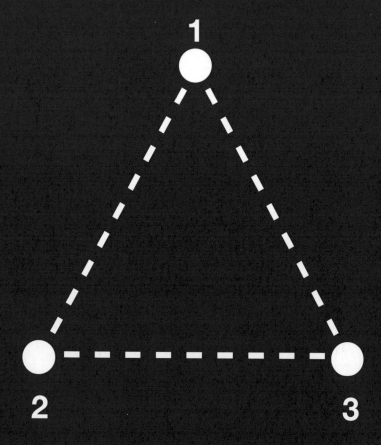

W. H 오든은 『반지의 제왕』에 대해서 이렇게 말한다.
"'반지의 제왕'은 명료한 법칙이 지배하는 세계다."

규칙이나 역할을 공식으로 삼는 데 중요한 점은 응용이 가능하냐는 것이다. 사용자는 그 규칙을 유연하게 응용하는 능력을 갖추고 있어야 한다. (역할이든 그 역할을 응용하는 사람이든 '앞으로 나아갈' 수 있어야 한다.)

이를테면 인물에 대해서도 똑같이 말할 수 있다. '안나는 손이 작다'나 '안나는 머리카락이 검고 구불구불하다'와 같은 띄엄띄엄 나오는 묘사로, '안나는 우아하다'*라는 역할로 안나 카레니나를 정의하는 것이다.

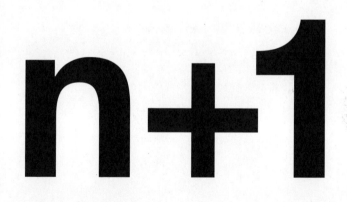

*이와 달리 리처드 피비어가 안나 카레니나를 새롭게 번역하면서 서문에서 밝힌 바와 같이 시기적으로 더 앞선 소설 초고에서 안나는 '우아하지 않고' 무례한 인물로 그려져 있다.

추상

실제로 존재하지 않는 공간

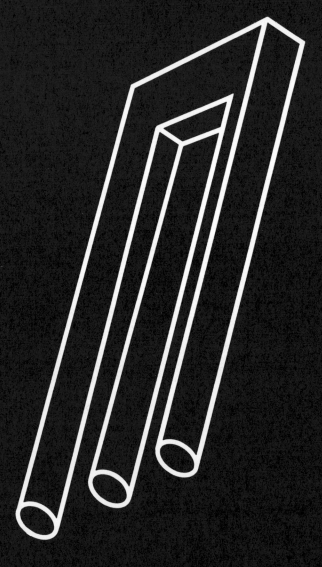

나는 H. P. 러브크래프트가 쓴 책을 읽고 있었는데, "실제로 존재하지 않는 공간……"과 "말로 형언할 수도 상상할 수도 없는 공포"라고 표현한 대목에 이르렀다.

(이따금 책을 읽으면서 도저히 상상할 수 없는 대상을 또렷하게 상상하도록 강요받을 때가 있다.)

……그런데 내 상상 속에서 소름끼치도록 끔찍한 메아리가 저 바깥의 상상조차 할 수 없는 지옥에서 울려나와 상상조차 할 수 없는 심연을 가로질러 퍼져나갔다.

보지 말라고 정중히 부탁받고 있는 걸까?

이런 전통에 토대를 두는 장르가 있다. 과학소설이라든가 공포소설 등등.*

이런 글을 읽다보면 벽에 꽉 막힌 느낌이 들며 오스스 소름이 돋는다.—내가 '보지 말라는' 부탁을 실천하는 방법이다.

하지만 상상할 수 없다고 들을 때조차 나는 여전히 상상한다. 그리고 이 경우에 또렷하게 아니면 그럴싸하게 상상을 채우는데 대체로 안나 카레니나를 상상할 때와 별반 다르지 않다.

***

*또는 현대 이론물리학이라든가.

"진정으로 합일을 이루려면 무형이어야 한다."

마이모니데스는 자신이 쓴 『방황하는 자들을 위한 안내서』에서 신은 '육신을 지닌 존재로 얼굴과 손발이 달렸다'고 상상하는 건 불가능하다고 썼다. 신을 그런 존재로 상상하고 묘사한다면 다루기 힘든 모순에 빠지고 또 다른 철학적, 신학적 문제를 불러일으키기 때문이다.

많은 중세 학자가 이 주제와 씨름했다. 하지만 '일치된' 하느님은 한마디로 단정할 수 없었다.

마이모니데스는 '부정 신학'으로 알려진 접근법을 지지했는데 하느님은 이러저러한 존재가 *아니다*, 라고 열거하는 방법으로 하느님의 실체에 다가간다.

지금껏 인물은 형태가 있는 존재를 의미해왔다. 그리고 상상을 통해 인물에 조화로움을 부여한다. 하지만 다른 한편으로 인물은 이러저러한 존재가 아니다, 라면서 정의를 내릴 수 있다.

톨스토이는 브론스키가

　　어깨가 떡 벌어지고 얼굴색은 가무잡잡하며 키는 아주 크지 않고……

라고 역설하지만 브론스키는 금발도 아니고 키도 작지 않다고 알려주는 것이다.

*　*　*

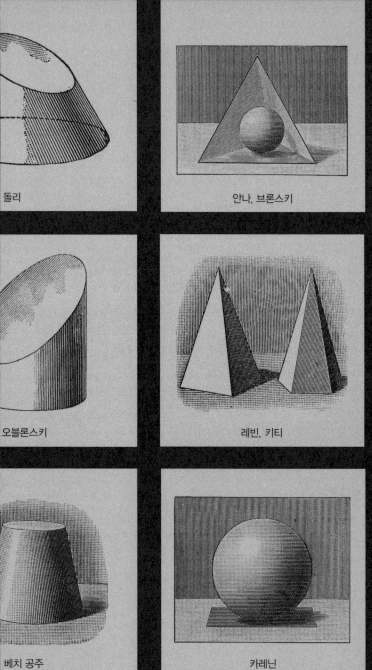

돌리

안나, 브론스키

오블론스키

레빈, 키티

베치 공주

카레닌

책을 읽으면서 마음속으로 그림을 여러 장 그려놓지 않으면 생각들은 서로 영향을 주고받아서—추상적인 관계가 서로 뒤섞여서—독자의 내면에 어떤 느낌을 불러일으킨다. 이 말은 꽤 시시한 소리처럼 들릴지도 모르겠다. 하지만 사실 우리가 음악을 귀담아 들을 때 겪는 일이기도 하다. 상관관계에 놓인 추상적인 이런 배치야말로 예술에서 깊은 매력을 느낄 수 있는 지점이다. 머릿속으로 대상만을 그려놓은 그림 속에서가 아니라 여러 요소가 역동적으로 관계를 맺고 있는 역할 속에서.

음악을(그것도 표제음악이 아닌 음악을) 들을 때, 그려내는 심상이 부족하다면 어떤 식으로든 우리가 느끼는 감흥이 줄어들까? 바흐가 쓴 푸가에서 악기별 주제에 귀를 기울일 때 여러분은 무언가를 상상할 수 있다. 시냇물이라든가 나무라든가 재봉틀이라든가 연인이라든가……. 하지만 음악 안에 이런 구체적인 영상을 떠오르게 하는 요소는 아무것도 없다. (그런 영상이 떠오르지 않는 게 더 낫다고 나는 생각한다.)

왜 소설을 읽을 때와 다를까? 어떤 세부적인 묘사, 어떤 구체적인 심상을 불러내기 때문일까? 구체적인 표현이 상황을 바꾸지만 내 생각에는 오직 겉으로만 그렇다.

***

책을 읽을 때 우리는 무언가를 마음에 떠올리는가? 당연히 무언가를 마음에 떠올려야 한다. 하지만 독서가 전부 추상적인 관념이라거나 이론적인 개념이 상호 작용하는 것만은 아니다. 우리 마음을 흐뭇하게 하는 상상은 이따금 그림으로 표현되는 듯싶다.

이런 사고 실험을 해보자.

1. 대문자 D를 떠올려보자.

2. 이제 D를 시계 반대 방향으로 90도 돌린다고 상상하자.

3. 그 D를 집어 마음속으로 대문자 J 머리 부분에 올려놓자.

지금…
여러분
마음
속의
날씨는
어떤가요?

D

D

D

J

(머릿속으로 그림을 잘 따라 그렸기 때문에 우리는 '비가 온다'고 생각한다. 그리고 여기에 우리가 그렇게 따라 그렸다는 사실을 보여준다.)

(우리는 마음에 그림을 그린다.)

물론 우리가 그린 그림은 글자인 기호 두 개를 붙인 그림이다. 실제 우산을 그린 그림은 *보기에 훨씬 더 복잡하다.*

책을 읽는 동안 그 과정을 지켜보면 우리는 눈앞에 바로 보이는 것을 보고 있다.

하지만……

존 로크는 이렇게 말했다.
"인간은 누구에게나 스스로 지지하는 생각을 글로 표현할 신성한 자유가 있다. 어느 누구도 자신이 하는 생각을 다른 사람도 똑같이 하도록 강요할 권리는 없다."

하지만……

이 생각 역시 *100퍼센트* 진실은 아니다. 그렇지 않은가?

실제로 나는 여러분이 누리는 자유를 침해할 수 있다. 그리고 어떤 형상이 나타나도록, 아니면 그와 비슷한 형상이라도 나타나도록 강요할 수 있다.—작가가 그러듯이.—톨스토이가 안나 카레니나와 "숱 많은 머리카락"을 묘사하며 그러듯이.

내가 이 말을 한다면,

"해마"

해마를 보았는가? 아니면 보았다고 상상하는가? 찰나의 순간에
지나지 않았을지라도?

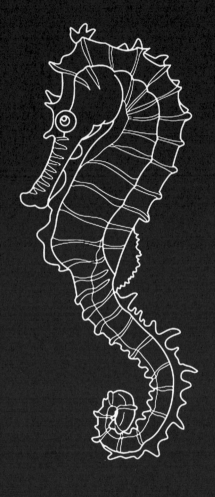

상상하는 사람에 따라 해마는 하나같이 모습이 서로 다를 것이다.

그런데 우리가 상상한, 이렇게 다양한 개성을 지닌 해마를 하나씩 겹겹이 포개놓으면 공통점이 보인다. 핏줄이 닮듯이 해마도 서로 닮았다. (루트비히 비트겐슈타인이 한 말이다.)

안나 카레니나나 보바리 부인이나 이스마엘을 상상할 때에도 우리
는 다양한 안나 카레니나와 보바리 부인과 이스마엘을 떠올린다.
똑같지는 않지만 서로 조금씩 *닮아 있다.*

(우리가 상상할 수 있는 안나 카레니나를 합쳐 평균을 내면 톨스
토이가 그린 안나 카레니나를 과연 볼 수 있을까? 내 생각에는 그
렇지 않다.)

눈, 시각, 그리고 미디어

존 밀턴은 시각장애인이었다. 시인인 호머도 그렇다고 짐작된다. 호머가 만들어낸 예언자 티레시아스도 마찬가지다. 시력은 상상력이나 통찰력, 통시력과 뜻이 다르지만 안으로도 향한다는 점에서 상상력에 대한 은유로 받아들인다. 상상력은 마음과 동떨어진 세계로는 눈길을 돌리지 않는다.*

바깥으로 향하는 시력은 안으로 향하는 시력을 단지 억압만 할 뿐이라고 우리는 거의 확신에 가깝게 추측한다. (호머나 티레시아스도 그랬을 것이라고.)

샬럿 브론테는 이렇게 썼다.
"지금까지 눈을 가린 채 걸어온 듯합니다. 이 책 때문에 비로소 나는 눈을 뜬 것 같아요……."

*베토벤을 보라. 베토벤은 청각장애인이었다.

상상력은 "내면의 눈"과 같다고 말할 수 있다.

한 친구의 말처럼 이 말은 속으로 품은 생각을 *눈에 보이도록 그려내는* 걸 의미한다. 생각이 깨알만큼 아주 조그마한 물건이라도 되는 양. 하지만 우리는 '의미'를 보지 못한다. 뛰노는 말이나 빨간 사과, 여러분이 지금 보고 있는 이 글을 보듯 그 의미를 볼 수는 없다.

윌리엄 워즈워스는 누이 도러시와 함께 호숫가에 수선화가 흐드러
지게 피어 있는 모습을 보고는 아름답게 시로 읊었다.

시간이 흘러도 이 노란 꽃이 워즈워스에게 종종 찾아온다.

때론 하염없이 때론 시름에 잠겨
잠자리에 누워 있으면
고독이 선사하는 축복인 저 심안에
황금빛 수선화가 홀연히 떠오르네.

어렸을 때 아버지는 나에게 이 시를 암송하도록 권했다. 그 뒤로 이따금 이 시를 떠올리며 눈으로 지각한 대상을 그린 시적 표현, 잔상, 기억으로의 변환, 아름다움에 대해 곰곰 생각에 잠기곤 한다.

우리가 상상하는 수선화보다는 오히려 워즈워스가 그린 수선화가 더 또렷이 떠오른다. 황금빛 꽃잎이 하늘하늘 나부끼는 그 꽃은 처음에는 감각 정보로 시인에게 들어간다. 아마도 시인은 아무 생각 없이 수선화를 받아들였을 것이다. 그다음에 사색과 상상력의 소재가 되었을 것이다.

그즈음에 이 꽃은 워즈워스의 마음속에 워즈워스만의 꽃으로 자리를 잡았다. 하지만 기억 속에 자리 잡은 원래 꽃은 알려진 대로라면 이렇게 생긴 진짜 수선화다.

(워즈워스가 호숫가에서 본 바로 그 꽃.)

우리는 워즈워스가 그린, "산들바람에 한들한들 춤추는" 수선화는 보지 못한다. 우리가 다른 수선화를 봤을 수는 있지만 워즈워스가 그린 수선화는 못 본다. 그래서 우리는 시인이 시어로 속삭인 그 수선화를, 시인도 모사한 그 수선화를 상상해야 한다.

그래도 워즈워스의 시를 읽으면서 우리가 상상력을 발휘하는 행위를 이 시 마지막 연이 얼마나 잘 묘사하고 있는지 눈여겨보자. 노란 꽃이 어렴풋이 우리 '심안'에 홀연히 '떠오른다'는 연을.

***

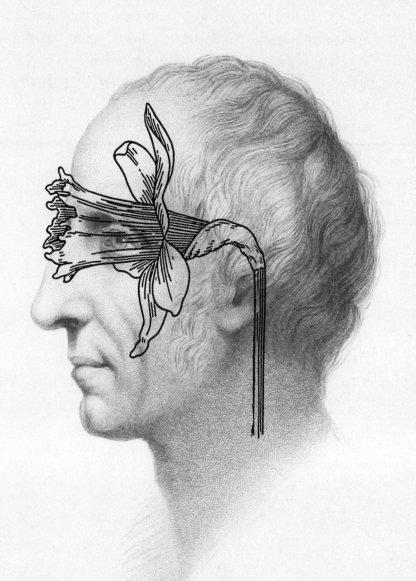

소설이나 이야기는 알게 모르게 세계를 철학적으로 해석하는 데 지지하는 입장을 취한다. 그래서 존재론, 인식론, 형이상학 등등과 같은 성격을 띠거나 한 걸음 더 나아가 그런 사고 체계를 내세우기도 한다……. 어떤 소설은 세계가 보이는 그대로라는 태도를 취하고, 또 다른 소설은 고양이가 실뭉당이를 가지고 놀듯 인식의 끈을 희롱하며 물고 당긴다. 하지만 소설이 내보이는 현상학, 즉 소설작품이 지각, 구체적으로 시각을 다루는 방식 속에서야 독자는 작가가 진실하게 탐구하는 철학을 찾을 수 있다.

***

극적인 사건 없이 다만 시각적으로 세계를 묘사하는 문학이란 도대체 무엇일까? 수박 겉핥기 문학?

 …… 우리는 더 이상 고해신부나 의사나 하느님의 눈으로 세계를 바라보지 않는다. 이는 모두 기존의 소설가에게나 의미 있는 원리일 뿐이다. 눈앞에 펼쳐지는 광경 외에 다른 곳으로 눈을 돌리지 않고 자기 두 눈 외에 다른 힘은 빌리지 않고 자신이 사는 도시를 어슬렁어슬렁 걸어가는 한 사내의 눈으로 바라본다.

이 글은 롤랑 바르트가 알랭 로브그리예의 작품을 언급한 대목이다.

알랭 로브그리예가 쓴 여러 작품에서 대상은 비유적인 의미를 잃는다. 상징도 아니며 사슬처럼 이어지는 연상 작용을 따라 늘어선 간이역도 아니다. 의미가 없다. 의미가 없다는 의미조차 없다.

알랭 로브그리예에게 대상은 단순히 이렇다.

상처 하나 없는 토마토 4분의 1 조각이 놓여 있다. 기계로 잘라 완벽하게 대칭을 이룬 열매다. 말랑말랑하고 이지러진 데 없이 속이 꽉 들어찬 살이 인공적으로 뽑은 듯 화사하게 빨간색을 띠고서 반들반들 윤나는 겉껍질과 텅 빈 속 사이에 두툼하게 놓여 있다. 그 속에는 크기순으로 가지런히 배열한 노란 씨가 한 줄로 늘어서 있고 그 주위로 도톰한 고갱이를 따라 초록색을 띤 몰캉하고 얇은 켜가 자리를 잡고 있다. 약간 오톨도톨하고 연한 분홍색이 살짝 감도는 고갱이에는 안쪽의 텅 빈 공간을 향해 하얀 실핏줄 덩어리가 붙어 있는데 이 가운데 한 가닥이 삐죽 뻗어나와 눈에 띌락 말락 씨와 닿아 있다. 꼭지 쪽으로 거의 알아채기 힘들게 어떤 일이 벌어졌던 흔적이 남아 있다. 겉껍질 한쪽이 손가락 한 마디 길이만큼 살에서 떨어져나와 조금 일어나 있다.

나는 그때 빗대지 않는 태도로 세계를 바라보는 경험을 했다. 나한테 이런 경험은 갑작스러웠고 그래서 내가 어떤 지리적 위치에 있는지 의식하고는 다시금 촉각을 곤두세워 공간적 배치를 재배열한다. 느닷없이 세계는 순수한 시각 현상처럼 보인다. 빛과 벡터로 단순하게 변해버린다. 그리고 사진사가 아닌 카메라가 되어버린다. 역사성은 모의재판에 넘겨진다. 그리고 세상을 이루는 파편은 더 이상 심리에도 자의식에도 종속되지 않고 깜짝 놀랄 만큼 가깝게 다가온다. 이런 상태에 이르면 냉담하거나 잔혹한 면은 없어지고 오히려 이상하리만치 전의식 같은 면이 부각된다.

이런 상태를 겪거나 이런 소설을 읽으면 우리는 상상력을 닦달해서 더 많이 더 잘 볼 수 있을까? (알랭 로브그리예가 묘사한 토마토를, 이를테면 이브가 딴 사과보다 더 또렷하게, 더 먹음직스럽게 볼 수 있을까?)

나는 그렇지 못하다.

***

우리가 책에서 무언가를 상상할 때 우리는 *어디에 서 있는 걸까?* 다시 말하면 *카메라*는 어디에 있는 걸까?

관찰할 수 있는 각도는 오로지 이야기를 들려주는 목소리에만 달려 있을까? 예를 들어 *일인칭 시점*으로 이야기를 한다면, 특히 현재 시제로 이야기를 한다면 독자는 자연스럽게 화자의 '눈으로' 사건을 바라볼 것이다. 조르주 폴레는 『독서의 현상학』에서 이렇게 말했다. "내 의식은 타인의 의식인 양 행동한다. 책을 읽을 때면 나는 속으로 또 다른 나를 호명한다. 하지만 이렇게 호명하는 나는 나 자신이 아니다." '너'가 직접 서술하는 이인칭 시점으로 이야기하는 경우에도, 하나의 '우리'나 여럿의 '너'가, 즉 일인칭 혹은 이인칭 복수 화자가 이야기하는 경우에도 비슷하다.

삼인칭 시점으로 이야기하는 목소리라면, 또는 어떤 친구가 '내가 말이야' 하며 자신의 경험담을 들려주듯이 과거 시제에 맞춰 일인칭 시점으로 이야기한다면 우리는 자연스럽게 사건을 '내려다보'거나 '옆에서 지켜본'다. 우리가 서 있는 위치는 여러모로 유리해서 이야기를 서술하는 위치가 그런 것처럼 '전지전능'하다.* 아마도 이런 경우에 우리는 '이 카메라'에서 '저 카메라'로 순간이동을 하면서 가까이에서 반응을 잡아낼 것이다. 그런 다음 뒤로 물러나 북적이는 인파나 지평선 같은 더 커다란 '장면'을 바라본다. 카메라 이동받침대를 뒤로 쑥 빼고서. 그런데 이럴 때조차도, 전지적인 서술 방식으로 전개하는 와중에도 이따금 인간의 탈을 쓴 신이라도 되는 양 일인칭 속으로 슬그머니 들어가 한 인물의 눈으로 바라본다.

*게임을 설계할 때 그렇게 불리듯이.

우리는 독서가 아닌 연극 관람이나 영화 감상에 대해서도 당연히 한 번 더 짚어봐야 한다. 우리는 이 부분을 대강 보아 넘기는데 작가가 *화자*를 선택한다고 해서 시각적으로 변하는 건 없다. (서술 방식에 따라 의미는 바꿔도 관점을 바꾸진 못한다. 즉 우리가 보는 방식을 바꾸지 못한다.)

이스마엘이 나에게 직접 말한다.* "내 이름은 이스마엘이야"라고. 때로 이스마엘의 위치에 서지만 때로 이스마엘보다 더 높은 위치에 서서 갈매기처럼 내려다보며 이스마엘이 뉴베드퍼드 거리를 어슬렁거리는 모습을 지켜본다. 또는 이스마엘의 눈이 내 눈이라도 되는 양 이스마엘의 눈으로 바라보면서 룸메이트인 퀴퀘그를 처음 만나는 자리에서 흘끗 보고는 그 인상에 깜짝 놀라는지도 모른다. 이 말인즉슨, 이야기를 바라보는 이 유리한 위치는 이야기를 쓰면서 작가가 동원하는 상상력만큼이나 자유롭게 변한다는 것이다. 우리의 상상력은 상상력이 떠돌아다니고 싶은 장소를 따라 떠돌아다닐 뿐이다.

*아니면 이스마엘은 일반화한 '나'한테 말을 한다. 즉, 독자인 여러분에게.

영화나 TV나 비디오 게임에 더 많이 노출될수록 여러 미디어 형태는 독자의 시각을 오염시킨다. 우리는 독서를 영화나 비디오 게임처럼 받아들인다.

(특히 비디오 게임은 오염도가 심각한데 책을 읽을 때처럼 참가자한테 아바타를 장착한다.)

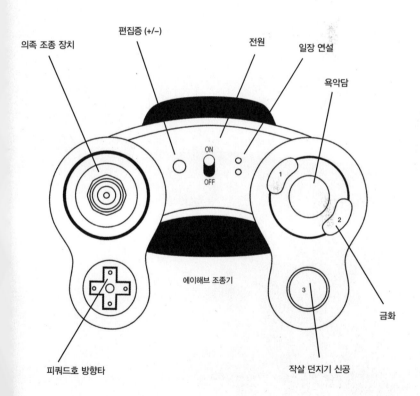

의족 조종 장치

편집증 (+/−)

전원

일장 연설

욕악담

ON

OFF

1

2

에이해브 조종기

3

금화

피쿼드호 방향타

작살 던지기 신공

일인칭
영웅의 이점

오네긴   렌스키

  1   0

삼인칭
'신의 눈' 관점

오네긴　　　렌스키

1　　　　0

글에는 근접 촬영 같은 기능이 없다. 이야기로 치자면 세부 묘사라고 불릴지도 모르겠다. 하지만 그 효과는 카메라의 줌

기능과 똑같지 않다. 이를테면 오블론스키가 신은 덧신을 세세하게 언급할 때 책에서는 관찰자가 점점 더 가까이

다가가거나 다른 유리한 위치를 점한다고 느끼지 못한다. 소설에서 이런 사건은 공간을 차지하

기보다 의미를 지닌다. 카메라를 줌인하면 카메라와 피사체 사이의 관계가 변하며 관

찰자로서 우리와 피사체 사이의 관계도 바뀐다. 하지만 소설에서는 아니다.

이탈로 칼비노가 썼다시피,

"언어와 형상 사이에 놓인 거리는

늘 일정하다."*

*이탈로 칼비노가 『카이에 뒤 시네마』 1966년 10월호에서 한 말이다.

1.48
0.45

8

3.2

이 글귀를 보자 흥미로운 질문이 일었다. 대
상을 상상하는 일이 얼마나 까다로운지는
일단 제쳐두고, 한 공간을 이루는 환경이나
배경을 상상할 수 있을까? 그 안에서 대상
이 살아 숨 쉬고, 대상과 더불어 우리도 함께
상상하며 자유롭게 움직일 수 있는 공간을?
우주라면 상상이 될까? '줌인'은 문맥이 움
직인다는 의미다. 우리가 아주 세밀하게 묘
사한 대상을 확대시키면서 바로 전 장면이
나 내용은 시야 밖으로 사라지고 마는……

5
1

3

20

7

100
30

3.5-6.3/18-250

m 8

ft
m

MARCEL PROUST
SWANN IN LOVE

Translated by
C.K. Scott Moncrieff and Terence Kilmartin

Preface by Volker Schlöndorff

$3.95/394-72769-X

소설을 영화로 옮기고 나면 영화는 독자가 소설을 바라보던 고유의 시각에 막강한 영향력을 행사한다. …… 그런데 우리는 그 사실 말고 무엇을 더 알 수 있을까?

책을 각색한 영화를 보면서 책을 읽는 동안 우리가 펼치던 상상을 탐색할 좋은 실험 기회로 삼을 수 있다. 신경학자가 뇌기능장애를 연구하면서 뇌기능에 대해 알아가는 것처럼.

소설이나 이야기를 읽어가다보면 극적인 사건을 구성하는 내용, 즉 장소나 인물이나 사건이 점점 더 희미해지다가 *의미*로 대체된다. 이를테면 화분을 보고 있지만 독자다운 어림짐작으로 이 화분이 지닌 의미나 의의로 그 광경을 채운다는 것이다.

우리는 맥락 속에서 의미를 추출하며, 책을 읽을 때 우리가 많이 '보는' 부분도 이 '의미'다. 책을 각색하면 모든 게 바뀐다.

알랭 로브그리예는 변환을 이렇게 표현했다.

…… 빈 의자는 단지 부재를 가리키거나 어떤 기대를 걸게 하
고 어깨에 올린 손은 단지 못 떠나게 막는다는 의미다. …… 하
지만 영화에서 우리는 의자를 보고 손이 움직이는 모습을 보며
술집 내부를 본다. 이 장면이 뜻하는 바는 명백하지만 우리 시
선을 독차지하지 않고 무언가가 덤처럼 덧붙는다. 단순한 덤 이
상이다. 우리에게 영향을 미치는 무엇, 기억에 달라붙어 떨어
지지 않는 무엇, 본질을 이루지만 한마디로 정의내릴 수 없는,
막연한 상태로 등장하는 무엇이 몸짓마다, 대상마다, 움직임마
다, 윤곽마다 스며 그 장면이 불현듯 그리고 무심코 그 실체를
되찾는다.*

*『새로운 소설을 위하여』

"화분"

수선화
(나르키소스)

소설은 영화보다 애니메이션이나 만화책에 더 가까울까?

> 애니메이션은 작가에게 가르치는 바가 많은데, 무엇보다 획 몇 번에 인물이나 대상을 정의하는 법이 그렇다.*

소설 속 여러 인물은 대체로 '획 몇 번'으로 그리거나 시각적인 틀로 압축할 수는 없더라도 언어로 표현하는 장면 혹은 지면에서 만화 속 인물처럼 제 역할을 해낸다. 독자는 이런 장면 혹은 지면을 한 줄로 꿰어 여러 단락에 걸쳐 있는 이야기를 맥락에 맞게 한데 묶는다.

틀과 틀 사이에 있는 빈 공간은 만화만이 지니는 여러 특성 가운데 하나다. 이 틈새는 만화가 생략한 부분을 자꾸 떠올리게 하며 동시에 창작자가 얼마나 틀을 잘 잡아내는지 그 능력에 이목을 집중시킨다. 소설에서는 틀도, 틀과 틀 사이의 틈새도 그다지 눈에 띄지 않는다.

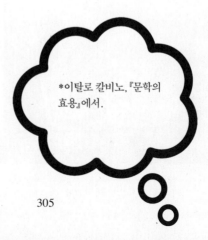

*이탈로 칼비노, 『문학의 효용』에서.

만화로 읽는 고전

시간은 하염없이 흘러가고 피쿼드 호는 맵찬 겨울바람을 맞으며 거친 파도를 헤치고 나갔다. 그런데 어찌된 일인지 수수께끼 같은 에이해브 선장은 코빼기도 안 보였다.

그러던 어느 날 갑자기 ······

빨리, 퀴퀘그, 저길 봐!

에이해브 선장님!

그 우레 같은 소리야. 흰고래라고!

잠시 뒤에 스터브가 지나가며 선장을 방해했다.

스터브! 왜 날 방해하는 거지? 밑으로 내려가 개집에나 처박혀 있으라고!

날 개 취급하면 안 돼. 당신이나 꺼지시지!

그래? 그럼 이제부터 노새나 돼지라고 불러주지. 열 번은 더!

당장 꺼져!

478

선원은 알아차리기

삭안이 텅 빈 밧줄

히더니 바다를 내

보트에 탄 선원은

뒤를 돌아보았다.

"배는? 아, 하느님

잠시 뒤에 뿌옇고 이

신기루처럼 사라지

분뿐이었다. 한때

작가는 글이 갖는 한계로, 즉 독자로 하여금 복잡한 사건과 여러 등장인물 등등을 동시에 여러 관점에서 보게 할 수 없다는 한계로 우리의 주의를 돌릴지도 모른다.

예를 들어 『모비딕』 뒷이야기에서 이스마엘은 이렇게 말하고 있다.

……이후 벌어진 장면의 가장자리를 둥둥 떠돌며 일어난 일을 전부 목격했다. ……

(여기서 '가장자리'가 만화에서 틀과 틀 사이의 틈새와 얼마나 비슷한지 눈여겨보자.)

기억과 환상

책을 읽으면서 하는 상상은 대부분 시각적인 자유 연상으로 이루어지며 따라서 작가가 쓴 내용에 매여 있지 않다.

(우리는 책을 읽는 동안 몽상에 잠긴다.)

소설은 해석하는 힘도 기르지만 마음이 방랑하도록 가만히 놔두기도 한다.

20코페이카를 손에 꼭 쥐고 있는 게 느껴졌다. 라스콜리니코
을 펴서 물끄러미 동전을 내려다보고는 팔을 휘둘러 물속으로
렸다. 그러고는 뒤로 돌아 집으로 돌아왔다. 그 순간 사람들로
상으로부터 스스로를 가위로 싹둑 오려낸 듯한 기분이 들었다.
니코프가 집으로 돌아왔을 때는 이미 저녁 무렵이었다. 여섯
돌아다녔던 것이다. 어디로 어떻게 집으로 돌아왔는지 전혀
하지 않았다. 옷을 벗고서 몹시 달려 지쳐버린 말처럼 온몸을
떨며 소파에 누워 커다란 외투를 끌어당겨 덮고는 그대로 곯
버렸다…….

름이 깔려 어둑어둑해졌을 때 라스콜리니코프는 귀를 찢는
에 퍼뜩 잠에서 깨어났다. 맙소사, 도대체 무슨 소리란 말인
억지스런 소리를 그런 울부짖는 소리를 통곡 소리를 빠드득
소리를 눈물과 고함과 욕설을 단 한 번도 들은 적도 본 적도
그런 짐승 같은 것을 그런 격분을 상상조차 할 수 없었다. 라
코프는 겁에 질려 벌떡 일어나 앉아서 매 순간 가슴을 졸이며
다. 하지만 서로 드잡이하는 소리와 악쓰는 소리와 욕설은 점
해졌다. 그러다가 여주인 목소리를 알아듣고 소스라치게 놀랐
은 악다구니를 쓰고 괴성을 지르고 울부짖으며 말을 허둥지
애원하듯 내뱉고 있어 무슨 말인지 알아들을 수가 없었다.
같은 층계참에서 무자비하게 얻어맞고 있었기 때문에 더 이상
라고 사정사정하는 소리였다. 안주인을 때리는 목소리는 악
로 독이 쉬어 무지막지스런 소리를 냈다. 그 사람도 역시 뭐
하고 있었지만 게거품을 물며 급하고도 빠르게 지껄여대는
말인지 알아들을 수가 없었다. 갑자기 라스콜리니코프는 사
듯 온몸을 떨기 시작했다. 그 목소리를 알아챘기 때문이다.
트로비치였다. 일리야 페트로비치가 여기서 안주인을 때리
. 안주인을 발로 치고 머리를 계단에 찧고 있었다. 분명했다.
부짖는 소리로 쿵쿵 짓찧는 소리로 보아 분명했다. 무슨 일이
이 뒤집히기라도 했나? 구경꾼이 층층마다 계단마다 모여 드
들렸다. 웅성거리는 소리, 외치는 소리, 계단을 오르내리는
두드리는 소리, 문 여닫는 소리, 뛰어다니는 소리가 들렸다.

책을 읽으면서 하는 상상은 그 연상 작용이 엉성하게 일어나긴 하지만 *휘뚜루마뚜루* 일어나진 않는다.

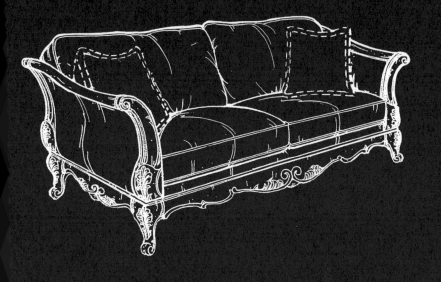

책을 읽으면서 하는 상상은 갈팡질팡 일관성 없어 보일 수 있지만
깊은 의미를 담고 있다.

따라서 어쩌면 기억이 상상의 소재가 되고 상상과 뒤섞이기도 하면서 상상처럼 여겨진다고 생각된다. 그리고 상상은 기억으로 쌓아 올리면서 기억처럼 여겨진다.

기억은 상상으로 짓고 상상은 기억으로 짓는다.

찰스 디킨스가 쓴 『우리는 서로 친구』라는 소설을 읽다가 언뜻 무언가를 떠올리고 있었다. 공장이 잔뜩 들어선 항구로, 강이 흐르고 배가 군데군데 떠 있고 선착장이 강을 따라 늘어서 있고 창고가 줄지어 서 있고······

이 장면을 상상하려고 나는 어디서 소재를 끌어온 걸까? 비슷한 장소, 비슷한 선착장이 있는지 기억을 더듬는다. 시간이 조금 걸린다.

그런데 마침 어렸을 때 가족과 함께 갔던 여행이 기억난다. 강이 있었고 선착장이 있었다. 그 선착장은 내가 지금 막 상상한 선착장과 똑같다.

그리고 잠시 뒤에 문득 깨달았다. 새로 사귄 친구가 스페인에 있는 고향집을 이야기하면서 '선착장'을 묘사했을 때에도 나는 똑같은 선착장을 마음속에 그리고 있었다. 바로 어렸을 때 가족과 함께 휴가를 보내던 그 선착장을. 지금 소설을 읽다가 상상하면서 이미 '갖다 쓴' 그 선착장을.

(도대체 얼마나 여러 번 그 선착장을 갖다 쓴 걸까?)

소설 속에 등장하는 사건이나 대상을 그려보면서 우리는 의도치 않게 과거를 엿보게 된다.

(그리고 잃어버린 경험의 파편이나 실마리를 찾으려고 꿈을 뒤적이듯 상상을 뒤적인다.)

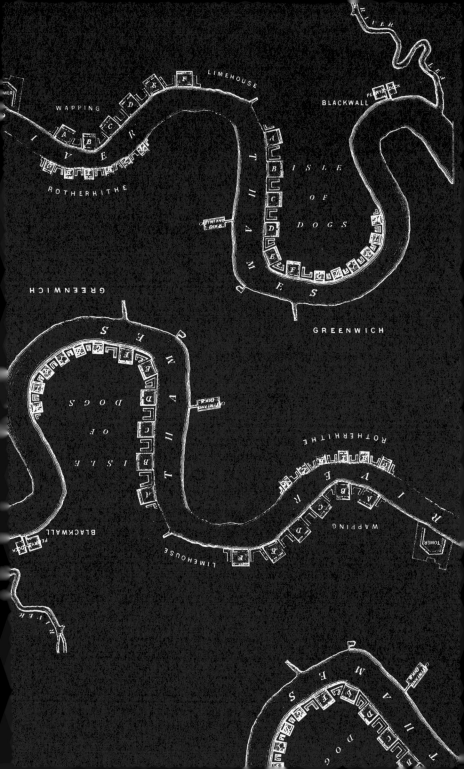

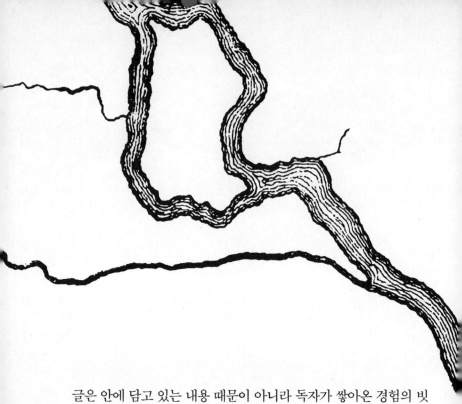

글은 안에 담고 있는 내용 때문이 아니라 독자가 쌓아온 경험의 빗장을 언젠가는 풀리라는 가능성 때문에 가치가 있다. 글은 의미를 '품고' 있다. 하지만 좀더 중요한 점은 글이 의미가 지닌 가치를 높인다는 것이다.

***

강이란 낱말은 그 안에 지구상을 흐르는 강이란 강은 다 품고 있다. 샛강이 흘러 들어가듯 강이란 낱말로 흘러 들어간다. 그런데 이 낱말은 진짜 강만 품고 있는 게 아니다. *내가 체험한 강을 품고 있*다는 점이 더 중요하다. 내가 바라보고 헤엄치고 물고기를 잡고 물소리를 귀에 담고 이런저런 소문으로 건네 듣고 직접 물살을 느끼거나 간접적이든 아니든 다른 방식으로 에둘러 느낀, 마음속에 떠오르는 강을 모두 품고 있다. 이 '강'은 하나같이 모자이크처럼 조각조각 이어 붙인 것이지만 실개천과 샛강으로 끝없이 이어지며 이야기를 짓는 힘을 기르고 상상에 날개를 단다. 강이라는 낱말을 읽으면 앞뒤 문맥과 상관없이 나는 강물로 첨벙 뛰어들고 만다. (어렸을 때 발을 흠뻑 휘적신 채 텀벙텀벙 물살을 헤치며 걸어가다 강바닥 돌에 발을 베인 강으로. 아니면 바로 오른쪽 나무숲 너머로 얼음덩어리가 둥둥 떠다닌 채 흘러가는 잿빛 강으로. 아니면 질풍노도의 시기를 보내던 어느 날, 어느 낯선 도시 선착장 옆 덤불 속에서 반짝반짝 봄 햇살을 받으며 한 소녀가 치마를 갈아입는 모습을 보고 땅이 뒤흔들리는 듯한 아찔한 경험을 하던 강으로.)

이것이야말로 낱말 안에 잠자고 있는 힘이다. 그 힘은 낱말 가장자리까지 찰랑찰랑하게 그득 담겨 있다. 따라서 낱말을 상상할 때 우리가 작가한테 요구할 건 거의 없다.

(우리는 이미 강물로 흘러넘친다. 오직 둑에 갇혀 있는 강물을 톡톡 두드리려고 할 때에만 작가가 필요하다.)

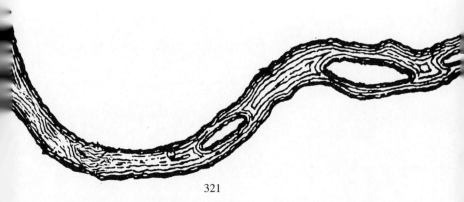

공감각

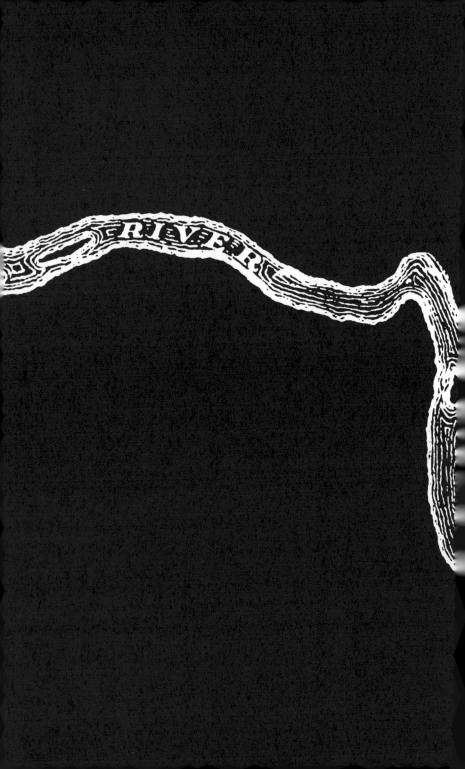

…… 이 매끈하고 꾸불꾸불하고 힘이 센 짐승은 콸콸거리며 무언가를 뒤쫓아가더니 철썩 부딪혀 꼭 움켜잡았다가 쏴쏴 한바탕 웃고는 놓아준다. 그리고는 새 놀이 동무한테로 몸을 휙 트는데 순간 새 놀이 동무가 잡힐세라 얼른 도망가지만 곧 다시 술래 잡듯 쫓아가 붙잡는다. 쉴 새 없이 온몸을 일렁이고 뒤척이고 비늘처럼 반짝반짝 빛을 뿌리며 쏼쏼 흐르다 춤추듯 빙빙 맴돌고는 졸졸졸 속삭이면서 보글보글 거품을 뱉는다.

— 케네스 그레이엄, 『버드나무에 부는 바람』

이 단락은 강의 모습을 불러내기보다는 정감을 불러일으킨다.* 강가에 서서 느끼던 행복감 같은, 누구나 한번쯤 기억나는 어떤 감정을.

책을 읽을 때 우리가 하는 경험은 대부분 한 감각에 다른 감각이 겹쳐지거나 한 감각이 다른 감각을 대신하는 것이다. 즉 공감각을 불러일으킨다. 소리가 보이고 색깔이 들리고 모습에서 냄새가 난다. 강물 속을 헤치며 걸어간다고 앞서 말했을 때, 그러니까 '텀벙텀벙 발을 흠뻑 휘적신 채' 걸어간다고 말했을 때 아마도 그 구절을 읽으면서 느꼈는지도 모르겠다. 발밑으로 작은 소용돌이가 생기고 무릎 밑으로 차가운 물이 부채꼴처럼 확 퍼지며 발은 물에 푹 젖어 무겁고……

---

*책에 정신없이 빠져들 때 우리가 흔히 쓰는 은유 가운데 하나가 강물에 몸을 맡긴다는 말이다. 노 없는 배를 타고 가듯 이야기 강물을 따라 둥둥 떠간다. 이 은유는 수동적인 태도를 암시해서 책읽기에 정신을 온통 빼앗기기만 한다고 착각을 일으킬 수도 있다. 하지만 우리는 흐름을 거슬러 힘겹게 노를 저어야만 하거나 툭 튀어나온 바위를 피해 키를 돌려야 할 때도 있다. 그리고 우리가 순조롭게 물결을 타고 나아갈 때면 우리가 탄 배도 순조롭게 나아간다. 그건 우리 마음도 마찬가지다.

이디스 훠턴이 쓴 『환희의 집』에 인물을 탁월하게 묘사한 단락이
있다.

> 여자가 발걸음도 크고 가볍게 옆을 지나가자 셀든은 가까이에서
> 여자를 느끼고 기쁨이 샘처럼 솟았다. 귀는 빚어놓은 듯 앙증맞
> 고 머리카락은 곱슬곱슬하니 끝이 위로 살짝 말려 올라갔는데,
> 무슨 수를 썼기에 저다지도 은은하게 빛나는 걸까? 그리고 검
> 은 속눈썹은 풍성하니 곧게 나 있었다.

이 여자의 머리 모양이나 풍성한 속눈썹에 대해 듣는 것도 도움이
되지만 사실 작가가 독자한테 전달하고자 하는 내용은 운율이다.
이 운율은 젊은 남자가 젊은 여자와 나란히 걸어가면서 의기양양해
하는 마음을 차례로 전달한다. 남자의 마음속에 점점 자라나는 행
복감이 문맥을 통해서가 아닌 소리로 전달된다. 귀담아 들어보자.

'발걸음도 크고long 가볍게light …… 기쁨pleasure 이 샘처럼luxurious
…… 검은black 속눈썹lashes은…….'

이 단락을 읽으면 르(l) 소리 때문에 실제로 노래를 부르는 듯하다.

(말하자면 우리는 때때로 본다고 여기지만 실제로는 느끼고 있는
지도 모르겠다.)

시인이라면 이렇게 말할 것이다. 낱말과 낱말을 이어주는 운과 율,
톡톡 튀는 의성어가 듣는 이한테, 말없이 듣는 독자한테 공감각적
전이를 일으킨다고.

음악처럼 들리는 한 단락을 보자.

> 산들바람 살랑살랑 불어오니 마음도 살살 풀어지고
> 곱디고운 실개천은 졸졸졸졸 흘러 나가네.
> 느닷없이 물결이 거세게 일어 처얼썩 물가에 부딪히자
> 거칠게 헝클어진 시는 쏴쏴 울부짖는 급류에 하는 수 없이 마
> 음을 기울이네.
> 아약스가 기를 쓰며 무거운 바위를 들어 던지려고 할 때에는
> 시 역시 애를 쓰고 시어도 가까스로 나아갈 뿐이며
> 반대로 카밀라가 전쟁터를 싹 휩쓸 때에는
> 꼿꼿한 밀밭 위를 휘익 날아가고 너른 바다 위를 스치듯 지나
> 간다.*

(학교에 다닐 때 꼭 외워야 했던 시다.)

라 라 라 라 라 라 라 라 라 라 '

*알렉산더 포프, 『비평론』

그래서 우리는 책을 듣는다고 여긴다. 그것도 아주 잘 듣는다고 여긴다.

아론 코플랜드는 우리가 음악에 귀 기울일 때 세 '단계'를 거쳐서 듣는다고 한다. 감각하는 단계, 표현하는 단계, 의미 혹은 음악을 추구하는 단계. 나한테는 감각하는 단계가 잊히기는 가장 쉬워도 상상하기는 가장 어려운 단계다.

베토벤 5번 교향곡 도입부를 마음속으로 상상해서 '듣고' 있으면 공격적으로 내려가는 강렬한 선율만이 떠오른다. 악기 전체가 '어우러져' 조화롭게 내는 소리도, 오케스트라를 구성하는 개별 악기 소리도 들리지 않는다. 음표 네 개가 연달아 있는 모습과 음표 하나하나가 내는 음만이 들린다. 그런데 이상하게도 여럿이 입을 모아 다 함께 내는 소리처럼 들린다. 우리 스스로가 몸 안에서 목소리를 낼 수 있기 때문일까?

우리는 인물이 내는 목소리를 들을까? (얼굴을 볼 수 있다는 소리보다 훨씬 더 설득력이 떨어지는 것 같다.) 말을 하지 않을 때에도 우리는 마음속으로 스스로가 내는 목소리를 '들을' 수 있다고 분명 상상한다.

"기원전 3000년경에는 책읽기가 설형문자를 듣는 일이었는지도 모른다. 당시 우리 감각에는 시각을 이용해 이 그림 부호를 읽는다고 하기보다는 오히려 이 부호를 바라만 봐도 말이 들리는 듯한 환각을 일으켰다."
— 줄리언 제인스, 『의식의 기원』

앞서 독서는 '눈이 하는 어리석은 짓'이라고 프루스트가 표현한 글
귀를 읽었다.

그 인용문은 이렇게 끝맺는다.
"…… 그리고 …… 내 목소리가 들렸다. 이제껏 소리 없이 살금살
금 뒤만 따르던 목소리가."

한 감각으로 다른 감각을 묘사하는 비유를 써서, 즉 서로 다른 감각을 결합한 비유를 써서 우리는 세계 구석구석을 더듬거리며 나아간다. 그리고 우리가 쓴 비유는 대부분 공간과 관련 있다. 예를 들어 미래는 '앞으로 나아가고' 아주 빨리 진동하는 음은 '높고' 행복은 기분을 '위'로 붕 뜨게 하고 슬픔은 '아래'로 축 처지게 한다. 우리는 이야기에 '줄기'가 있다고 상상하며 의미와 고난과 절정을 조화롭게 버무리며 그래프에 짜넣는 것처럼 미완성인 한 장면에서 미완성인 다음 장면으로 옮겨간다.

커트 보네거트는 '이야기의 단순한 형태'라는 강의에서 구성에 대한 개요를 보여주며 어떤 그래프를 제시했다. 그래서 나도 직접 그래프를 그려보았는데……

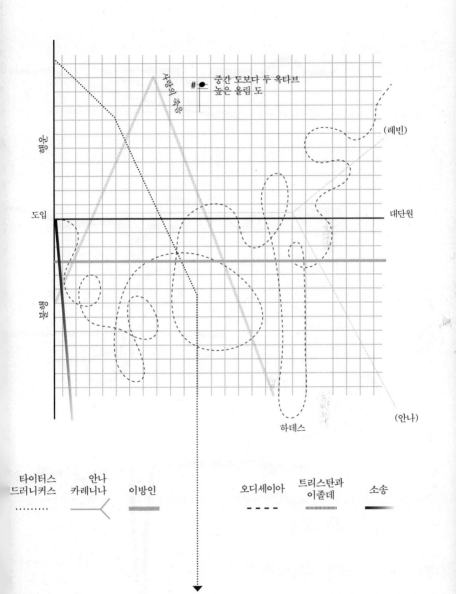

로런스 스턴이 그보다 훨씬 더 앞서 같은 생각을 제시했다.

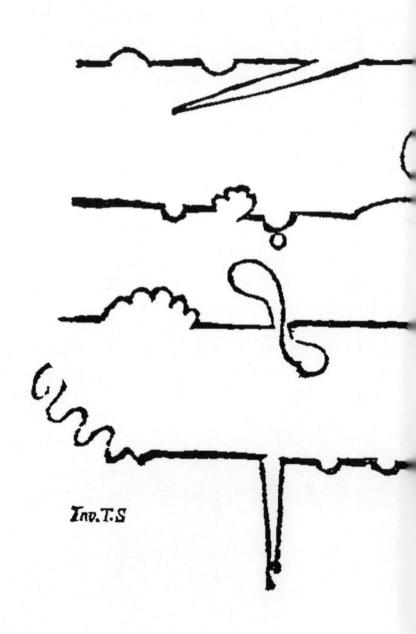

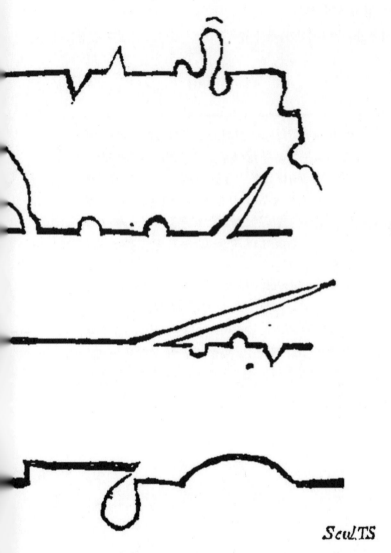

Scul.TS

『트리스트럼 샌디』에 나오는, 주인공 트리스트럼 샌디가 겪은 이야기를 선으로 그린 그림이다.

책에 몰입하는 동안 눈에 보이는 모습에 따라 마음으로 어떤 형태를 잡기 시작한다…….

카프카는 『아메리카』에서 뉴욕을 보고 화살표로 형태를 잡는다.

아침부터 저녁까지 그리고 모두가 잠든 한밤중까지 거리는 왕래가 끊이지 않고 흐르는 물길이었다. 위에서 내려다보면 손톱만큼 작아진 온갖 사람과 별별 자동차 지붕이 시시각각 바뀌며 얽히고설켜 마치 혼돈 같았다. 그리고 그 혼돈은 소음과 먼지와 악취가 뒤엉켜 더 시끌시끌하고 딱 꼬집어 뭐라 표현할 수 없는 또 다른 혼돈을 꾸역꾸역 위로 밀어올리고 있었다. 갑자기 빛이 쏟아져 들어와 거리를 뒤덮으며 뚫고 나가려 하자 헤아릴 수 없이 많은 형체가 거리로 뿔뿔이 흩어지며 서둘러 우왕좌왕 왔다 갔다 했다. 빛 때문에 눈이 부셔서 손으로 잡을 수 있을 만큼 모습들이 또렷하게 보이는 동시에 순간순간 거리 위로 유리 지붕이 인정사정없이 박살나서 파편으로 부서져 내리는 듯했다.

보르헤스는 미로로 형태를 잡는다.

검은 미로를 헤쳐나왔다.

네 예를 들었는지는 모르겠지만 오랜 세월 나를 괴롭혀왔다는 사실을 알고 있다.

도가 사방으로 뻗어 있고 결코 닿을 수 없는 높은 창문이 여기저기 달려 있다.

웅장하고 화려한 문을 열면 곧바로 수도승이 홀로

설프게 살펴본 궁전은 건축 구조상 아무런 목적이 없었다.

이 밖에 다른 형태도 있으며 형태끼리 서로 겹치기도 하고 루이 아라공의 『파리의 농부』에서처럼 물결 모양으로 형태를 잡기도 한다.

"나는 깜짝 놀랐다. 창문마다 잠수함 불빛처럼 파랗게 빛을 내는데 그 빛

기억한다. 내가 어렸을 때 본 물고기한테서 나오던……; 하지만 아직도 나는 어쩔 수

심해 생물의 특성이며, 자연 법칙에 입각한 설명은 여전히 이 초자연

둥근 지붕에 부딪혀 메아리가 되어 다시 돌아왔다. 나는 그 소리를 알아챘다. 조개껍데기가 내는 소리와 똑

(이 형태를 보고 느낄 수 있을지, 아니 이해만이라도 할 수 있을지
장담하긴 어렵지만.)

오는지 보이지 않았기 때문이다. 흡사 인광을 뿜는 듯했다.

한다. 비록 초롱처럼 달린 지느러미 끝에 빛을 달고 있을지도 모른다고 상상하더라도

하지 못한다. 그리고 무엇보다 낮게 드그대는 소리는

들려와서 시인이나 영화배우를 깜짝 놀라게 했다. 파시주 뒤 르 오페라에 있는 마다는 모두······"

기표

우리가 책을 읽을 때 오롯이 낱말만 보는 순간이 있다는 사실은 한번쯤 짚고 넘어가야 한다. 책을 읽는 지금 눈으로 보고 있는 건 자음과 모음으로 이루어진 낱말이다. 하지만 우리는 자음과 모음 너머를 보라고, 낱말이나 글자가 무엇을 가리키는지 보라고 배운다. 낱말은 화살표 같다. 분명 '무엇'이지만 동시에 '무엇'을 가리키기도 한다.

***

사뮈엘 베케트는 제임스 조이스가 쓴 『피네건의 경야』에 대해서 이렇게 말했다. "이 책은 글로 쓴 책이라고 할 수 없다. 읽으라고, 그냥 읽기만 하라고 쓴 책이 아니다. 눈으로 보고 귀 기울여 들으라고 쓴 책이다. 제임스 조이스의 글은 무엇에 대해 쓴 글이 아니라 바로 무엇 그 자체다."

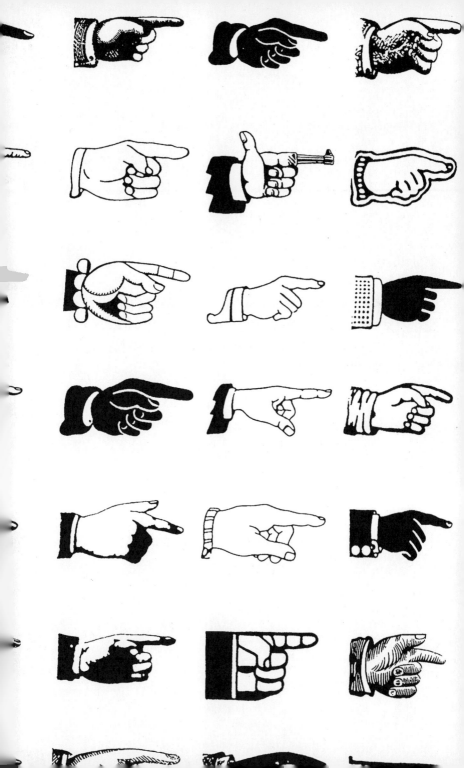

낱말이 지닌 구조와 쓰임새, 즉 기표 때문에 낱말은 불 보듯 뻔해 보이기도 하지만 독서 행위가 습관적이라는 이유로 그렇게 보이기도 한다. 이제껏 우리는 '화살표'를 단순히 방향을 가리키는 기호로만 봐왔다.

**

木　나무

林　수풀

森　숲

사실 그림으로 기의를 표현하는 문자가 있다. 그림문자나 상형문자가 그렇다. 이런 언어 체계에서는 기표가 제멋대로 이루어질 수 없다. 문자와 가리키는 대상이 서로 비슷한 특징을 갖는다.—문자와 관련이 있는 대상을 표현한 그림이 결국 문자니까.

예를 들어 '나무'를 가리키는 한자어를 놓고 그 문자 모양을 찬찬히 살펴보면 어떤 나무, 일정한 굵기와 모양을 한 나무가 떠오른다. 마찬가지로 '숲'을 가리키는 한자어를 보고 그 문자를 구성하는 형태를 들여다보면 마음속에 일정한 크기를 한 숲, 아마도 작은 나무숲 정도가 떠오를 것이다. 나는 그 문자를 그림으로 바라보는 셈이다.

(하지만 이런 반응도 내가 중국어를 하지 못하기 때문일 것이다.)

중국 사람은 책을 읽을 때 그림이 자신들이 쓰는 언어를 구성하는 요소라고 '보지' 않을지도 모른다. 중국 사람에게 중국어로 된 글을 읽는 일은 습관이기 때문이며 적어도 나는 그렇다고 들었다.

흥미로운 점 한 가지. 읽고 있어도 어딘지 낯설거나 자꾸 거슬리는 책이 있는데 그런 책을 읽으면서도 상상하는 일이 아주 어렵지는 않다. 그러니까 정말 어려운 책을 읽을 때 익숙하지 않은 이야기 구조라 하더라도 우리는 우리가 본다고 여전히 상상한다.

***

my uncle *Toby*'s story, and my own, in a tolerable straight line. Now,

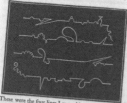

These were the four lines I moved in through my first, second, third, & fourth volumes.*—In the fifth volume I have been very good,—the precise line I have described in it being this:

By which it appears, that except at the curve, marked A. where I took a trip to *Navarre*,—and the indented curve

* Alluding to the first edition.

B. which is the short airing when I was there with the Lady *Baussiere* and her page,—I have not taken the least frisk of a digression, till *John de la Casse*'s devils led me the round you see marked D.—for as for *c c c c* they are nothing but parentheses, and the common *ins* and *outs* incident to the lives of the greatest ministers of state; and when compared with what men have done,—or with my own transgressions at the letters A B D—they vanish into nothing.

In this last volume I have done better still—for from the end of *Le Fever*'s episode, to the beginning of my uncle *Toby*'s campaigns,—I have scarce stepped a yard out of my way.

If I mend at this rate, it is not impossible—by the good leave of his grace of *Benevento*'s devils—but I may arrive hereafter at the excellency of going on even thus;

which is a line drawn as straight as I could draw it, by a writing-master's ruler (borrowed for that purpose), turning neither to the right hand or to the left.

This *right line*,—the path-way for Christians to walk in! say divines—

—The emblem of moral rectitude! says *Cicero*—

—The *best line*! say cabbage-planters—is the shortest line, says *Archimedes*, which can be drawn from one given point to another.—

I wish your ladyships would lay this matter to heart, in your next birth-day suits!

—What a journey!

Pray can you tell me,—that is, without anger, before I

책을 읽을 때 글자들만 화살표와 비슷한 건 아니다…….

문장도 화살

ㅌ 같다

······그리고 단락도 장章도 화살표다. 소설도 연극도 이야기도 다 화살표다.

소: 극악무도한 자여! 그대의 침묵은 바위조차도 성나게 할 것이오. 무엇으로도 그대의 마음을 풀지 못하고 그대 마음을 누이지 못하고 그 완고한 침묵을 깨지 못한단 말이오? **테이레시아스:** 그대는 내 천성을 나무라지만 정작 자신과 함께 사는 건 알아보지 못하고 나한테 비난을 퍼붓고 있소. **오이디푸스:** 그대가 그토록 방자하게 도시를 우롱하는데 누군들 화가 치솟지 않겠소? **테이레시아스:** 진정 올 것이라면 올 것이오. 내가 침묵 지키더라도. **오이디푸스:** 그러니 그 일 틀림없이 그대가 내게 말해주어야 할 것이오. **테이레시아스:** 나는 할 말이 별로 없소이다. 분노가 폭풍처럼 몰려온다면 그대를 억눌린 고삐를 벗어던지고 맘대로 날뛰어보시오. **오이디푸스:** 좋소. 나도 화가 난 대로 보노니 더 이상 맞섬이지 않겠소. 내 속마음을 거리낌 없이 말할 것이오. 내 생각에 그대는 그 암살을 함께 계획했고 게다가 비록 직접 손을 더럽히지는 않았다라도 실행까지 했소. 그

오이디푸

내가 앞을 볼
수 있었
다

독서는 *현실을 꿰뚫어보는* 동시에 *과거를* 들여다보는 행위
다⋯⋯. 비록 멀리 내다보진 못하더라도 희망을 품고 *미래를* 바
라보는 행위다.

그런데 눈앞이 캄캄하다.

***

생각

『등대로』를 읽다보면 이런 문장을 마주하게 된다.

"벽에 걸어놓은 기다랗고 쭈글쭈글한 해초 넌출에서 소금과 풀 냄새가……"

이 냄새를 맡을 수 있을까? 나는 이 구절을 읽으며 냄새를 맡는다고 상상했다. 물론 내가 '맡는' 건 냄새가 난다는 *생각*이다. 진짜 냄새처럼 코를 찌르는 어떤 냄새가 아니라. 냄새를 상상하는 일이 가능할까? 뇌가 '냄새'를 어떻게 구성하는지 신경학자한테 물어보고 싶다.

신경학자가 말했다.

말을 아주 설득력 있게 구사한다고 해서 박하풀이나 라일락을
즉석에서 자유자재로 재현할 수 있는 사람은 이제껏 만나본 적
이 없습니다. 나는 그럴 수 없습니다. 하지만 머리로는 냄새를
살짝 맡을 수 있습니다. 본능적으로 그러는 건 아닙니다. 왜 그
럴까요? 나는 냄새가 더 원시적이고 감각적인 성질을 띠고 있
다고 봅니다. 머리로는 극심한 고통이나 도저히 참을 수 없는
가려움을 불러일으킬 수도 없고, 그 정도가 강하든 약하든 느
낄 수도 없거든요. 아마도 냄새가 원시적인 감각이어서가 아닐
까요? …… 어느 면에서는 감각이 원시적일수록 생존에 더 중
요합니다. 몸은 위험이나 음식물이나 동료가 없는 무無의 상태
에서 냄새를 맡길 바라지 않습니다. 행동하는 데에는 힘이 들
기 마련이고 경고가 잘못되었을 경우 자칫 문제를 낳을 수도 있
기 때문입니다.

상상할 때 우리는 감각이 둔해지는 경험을 한다. 머리로 상상하는
감각을 진짜 신호와 구분하기 위해서다. 우리는 '강제로' 이런 경
험을 하는데, 그것도 '거의 머리를 써서' 한다.

흥미로운 점은 사람들이 대부분 냄새를 한 치의 오차도 없이 상상할 수 있다고 믿는다는 사실이다. 본능적으로 그럴 수 있다고. 또 책을 읽으면서 어떤 *냄새가 났다*고 혼잣말을 하기도 한다.

우리는 책을 읽었을 뿐이다. 이 말인즉슨 우리는 *상상했*을 뿐이다. 진짜와 똑같이.

'소금과 풀' 냄새로 돌아가자.

나는 그런 냄새를 못 맡는다. 대신 공감각적 전이가 일어난다. '소
금과 풀 냄새'라는 말에서 내가 머무른 적이 있는 바닷가 여름 별
장 생각이 문득 떠오른다. 하지만 이 생각이 났다고 해서 어떤 냄새
를 실제로 떠올린 건 아니다. 잠깐 엷은 잔상이 뇌리에 남는다. 잔
상은 스펙트럼처럼 펼쳐지며 모습을 끊임없이 바꾼다. 오로라처럼.

성운같이 실체 없는 물질처럼.

***

한 가지는 확실하다. 냄새를 본능적으로 혹은 마법을 부리듯 기억으로부터 소환할 수 있다는 사실을 나는 믿지 못하겠다고 말한다면 분명 발끈할 사람이 있으리라는 것이다. 우리가 있는 그대로 완벽하게 세계를 재현할 수 없다는 점은 두렵기도 하고 또 혼란스럽기도 하다. 마음과 기억과 생각을 표현하기 위해 우리가 사용하는 은유를 포기하긴 어렵다. 우리는 스스로한테 말한다. 소설을 읽는 것과 영화를 보는 것은 비슷하다고. 노래를 기억하는 것과 청중 속에 앉아 있는 것은 비슷하다고. 내가 양파라고 말하면 코끝이 맵싸할지도 모르겠다. 마치 양파 냄새가 또 한 번 풍기는 듯이. 하지만 이 경우는 사정이 다르다고 한다면 여러분을 너무 성가시게 하는 걸까?

***

어떤 사람은 이렇게 말할지도 모른다. "음, *당신*이라면 기억으로 냄새나 소리를 불러낼 수는 없을 겁니다. 후각이나 청각이 형편없을지도 모르죠." (꽤 그럴듯하다.) "후각이 무척 발달한 사람은 본능적으로 냄새를 불러낼 수 있을 겁니다. 이를테면 소믈리에나 향수 제조자처럼 말이죠."

소믈리에는 나보다 후각이 더 민감하며 복합적으로 반응할 것이다. 결과적으로 소믈리에는 냄새를 떠올리는 지적 능력 면에서 더 수월하고 더 능란하게 접점 역할을 할 것이다. 냄새에 관한 한 참고로 삼을 만한 분류 체계가 풍부할 뿐 아니라 다양한 계량법으로 판별하고 분류할 테니까. 어떤 냄새는 톡 쏘며 과일 향이 살짝 날지도 모른다. 다른 냄새는 전문가한테만 익숙한 스펙트럼에 근거해 매콤하고 시큼한 향이 날지도 모른다. 하지만 이런 지식은 머릿속에 지은 바둑판 구조물에 불과하다. 그 구조물에 한 사람이 기억하는 냄새가 덩굴처럼 감겨 있을 뿐이다.

그런데 이런 덩굴에서는 꽃이 피거나 열매가 맺히진 않는다. 우리 머릿속에서도 마찬가지다.

＊＊＊

나는 시각이 예리한 사람이다. (그런 소리를 종종 듣는다.) 책 디자이너인데, 대개 날카로운 시각 때문이 아니라 책에서 시각적인 단서나 자극을 알아보는 힘으로 먹고산다. 하지만 인물이나 수선화, 등대, 안개를 상상하는 일만 놓고 보자면 보통 사람과 다를 바 없이 눈먼 신세다.

***

우리가 책을 읽는 동안 또렷하게 그림을 그리고 냄새를 맡고 소리를 듣는 힘은 우리에게 그렇게 할 수 있는 힘이 있다고 믿기 때문일까? 우리가 상상할 수 있다는 생각 자체가 사실상 상상이나 다름없다.

책을 읽으면서 우리는 아무런 저항 없이 환영을 받아들이고 있다고 (믿고 있다고) 철석같이 믿고 있다.

그때 내가 바라보니. 북쪽에서 폭풍이 불어오면서 광채로 둘러싸인 큰 구름과 번쩍거리는 불이 밀려드는데, 그 광채 한가운데에는 불 속에서 빛나는 금붙이 같은 것이 보였다.

어쩌면 책을 보고 상상하는 일은 본래 신비로운 체험일지도 모른다. 이성으로 환원할 수 없는. 이런 상상은 계시와 같다. 계시는 초월의 샘에서 흘러나온다. 그건 우리에게 속한 게 아니다. 느닷없이 찾아온다. 어쩌면 상상도 독자와 작가가 초월적으로 결합한 데서 기인하는지 모른다. 어쩌면 작가가 보편적 심상을 톡 두드려서 상상을 불러일으키는 촉매 역할을 하는지도 모른다. (어쩌면 이 과정은 이성으로 설명이 불가능하지 않을까?)

몸을 돌이켜 나에게 말한 음성을 알아보려고 할 때 일곱 금 촛대를 보았는데 촛대 사이에 인자 같은 이가 발에 끌리는 옷을 입고 …… 그의 머리와 털의 흰 것이 흰 양털 같고 눈 같으며 그의 눈은 불꽃 같고.

어쩌면 독자는 '보는 사람'이라는 생각과 독서 체험을 두고 약속처럼 쓰는 표현 때문에 이런 전통, 즉 은총과 고지와 현몽과 예언과 다른 종교적인 징조와 비밀스런 현현이라는 전통에서 쫓겨난 건 아닐는지.

천사, 악마, 불타는 덤불, 명상, 꿈, 신병, 약물로 인한 환상……

제프리 초서는 꿈속 상상을 이렇게 묘사했다.

> 편히 몸을 누이고 잠이 들자 꿈을 꾸었다.
> 꿈속에서 스키피오가 본 것과
> 똑같은 옷차림을 하고
> 아프리카누스가 찾아와 내 침대 맡에 섰다.

윌리엄 블레이크는 시적 상상을 이렇게 그렸다.

> 그러더니 천사가 다가와 반짝거리는 열쇠를 내밀었다. 그래서
> 관을 하나하나 열자 모두 자유롭게 풀려났다.

토머스 드퀸시는 약물로 인한 상상을 이렇게 말했다.

> "무대가 갑자기 열리는 것 같더니 머릿속에 불이 환하게 들어오
> 고 세속적인 볼거리보다 더 화려한 장관이 밤마다 펼쳐지는 것
> 이다."

셰익스피어는 환영을 이렇게 표현했다.

> 지금 눈앞에 보이는 이것이 정녕 단도란 말인가? 손잡이가 내
> 쪽으로 향하고 있는 이것이?

도스토옙스키는 발작에 의한 상상을 이렇게 썼다.

> 순식간에 뇌에 불이 붙는 것 같았다. …… 살아 있고 깨어 있다
> 는 감각이 열 배는 거세지며 그때마다 번갯불 같은 빛이 번쩍거
> 렸다. 그리고 정신도 마음도 빛으로 눈부시게 가득 차올랐다.

꿈을 꿀 때

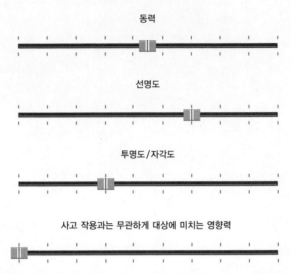

동력

선명도

투명도/자각도

사고 작용과는 무관하게 대상에 미치는 영향력

환영을 볼 때

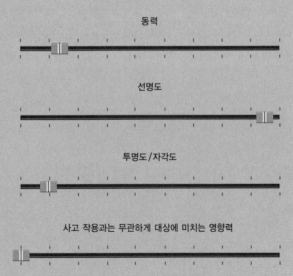

동력

선명도

투명도/자각도

사고 작용과는 무관하게 대상에 미치는 영향력

진실하게 자각할 때

동력

선명도

투명도/자각도

사고 작용과는 무관하게 대상에 미치는 영향력

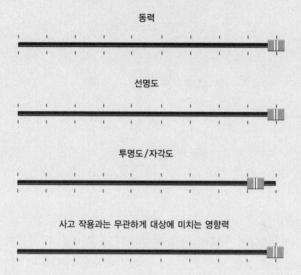

책을 읽으며 상상할 때

동력

선명도

투명도/자각도

사고 작용과는 무관하게 대상에 미치는 영향력

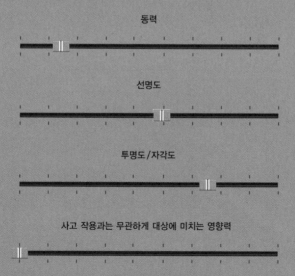

종교적인 현현이나 형이상학적인 진리처럼 문학적 상상도 지각할 수 있는 현실 그 자체보다 더 현실 같다고 주장할 수 있을까? 문학적 상상은 진실을 탐구하는 더 심오한 태도를 지향하는 걸까? (아니면 진짜 세계를 모방할 뿐이라서 결국 허상을 지향하는 걸까?)

모형

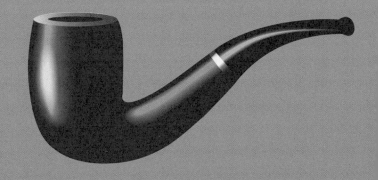

이것은 스티브의 파이프가 아닙니다

장소라든가 사람이라든가 무엇에 대해 읽을 때, 우리는 그 무엇을 둘러싸고 있는 온갖 실재로부터 그 무엇을 떼어놓는다. 그것만 구별해서 본다. 서로 구분되지 않은 상태에서 그것만 분리한다. 스터브가 쓰는 파이프를 생각해보자. 아킬레스가 드는 방패도 좋다. (이 물건은 나머지 물건과 다르다. 스터브의 파이프는 에이해브의 고래뼈의족이 아니고 아킬레스의 방패는 헥토르의 투구가 아니다.) 순간 우리는 그 물건을 표현하는 어떤 심상을 머릿속으로 그린다. 바로 이 파이프다. 하지만 이 파이프와 비슷할 수도 아닐 수도 있다. 우리는 이런저런 심상을 떠올리며 기억을 더듬는다. 그리고 이 파이프에까지 기억이 미치자 기억되어 있던 정보를 재활용한 것이다. 이 심상은 어떤 모형이다. 그러니 이제 우리 독자는 모형 제작자도 겸하는 셈이다.

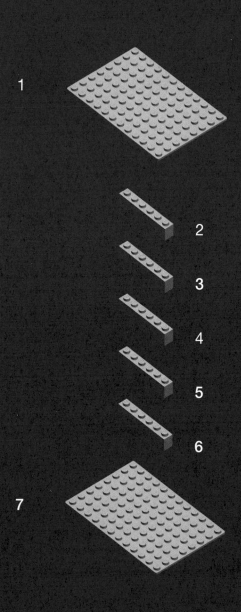

장 피아제의 말에 따르면 생각은 '머릿속에 떠오르는 심상'이다.

그런데 이 심상은 *어떤 것일까*? 부호일까? 상징일까? 글일까? 명제일까? 그림일까?

***

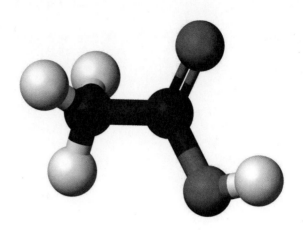

$$\rightarrow x^2 + px + q = 0 \qquad W = \int_{s_1}^{s_2} F(s)\cdot \cos\alpha\, ds \qquad v = \frac{ds}{dt}$$

$$\rightarrow x_{1/2} = -\frac{p}{2} \pm \sqrt{\left(\frac{p}{2}\right)^2 - q} \qquad \tanh x = \frac{e^x - e^{-x}}{e^x + e^{+x}} \qquad \theta = I \cdot N$$

$$f_r = \frac{1}{2\pi} \cdot \frac{1}{\sqrt{LC}} \; ; \; \omega = 2\pi f_r \qquad u_c = U(1 - e^{-t/RC})$$

$$4\,Fe\,S_2 + 11\,O_2 \rightarrow 2\,Fe_2\,O_3 + 8\,SO_4 \qquad C + O_2 \rightarrow CO_2$$

$$-\frac{d}{dt}\int_A B\,dA = \oint_L E'\,dl = -\int_A \left(\frac{\partial B}{\partial t} + rot\,(B \times v)\right) dA \qquad ?x\;\#y;\;z=x$$

$$\rightarrow W_{rot} = \frac{1}{2}\cdot J\,\omega^2$$

$$HCl + H_2O \rightleftarrows Cl^- + H_3O^+ \qquad a^2 = b^2 + c^2$$

$$V = \frac{1}{6}\,\pi\,h\,(3e_1^2 + 3e_2^2 + l^2) \qquad \rho_v = \int_{r=0}^{t^2}\int_{\vartheta=0}^{\pi} \frac{r^2}{6b_2}\,H_\varphi\,H_\varphi''\,\sin\vartheta\,dr\,d\vartheta\,d\varphi$$

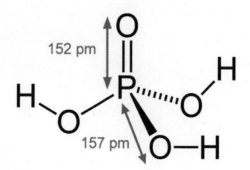

에쿠스

나무

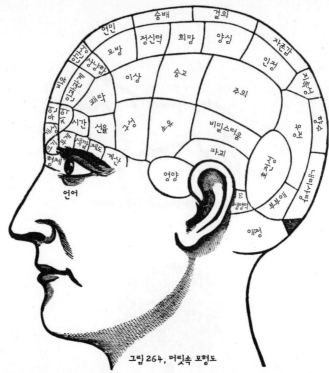

그림 264, 머릿속 모형도

생 각 을 담 당 하 는 기 관 의 이 름 과 번 호 및 위 치

1. 애정 - 배우자를 향한 사랑과 다정함
A. 부부애 - 일상을 나누며 본능적으로 짝을 이룸
2. 내리사랑 - 자식을 비롯한 어린아이를 보살핌
3. 우정 - 사교, 친구와 어울림
4. 향수 - 고향과 고국을 향한 그리움
5. 지속성 - 한결같이 행동함
E. 생명력 - 삶을 향한 집착, 끈기, 인내
6. 호전성 - 방어, 용기, 비판
7. 파괴 - 실행력, 공격력, 추진력
8. 영양 - 식욕 등등
9. 소유 - 절약, 검제력, 수입
10. 비밀스러움 - 자제, 신중함, 과묵함
11. 주의 - 보호, 보살핌, 안전
12. 인정 - 평판, 과시욕
13. 자존감 - 자기 존중, 위엄, 권위
14. 결의 - 굳셈, 참을성, 꿋꿋함
15. 양심 - 도덕 감각, 정의
16. 희망 - 기대, 예감, 순수한 믿음
17. 정신력 - 직관, 선견지명, 신념
18. 숭배 - 존경, 동경, 복종
19. 연민 - 동정, 친절, 자비
20. 구성 - 재간, 창의력, 도구

21. 이상 - 음미, 탐미, 시와 예술을 애호함
B. 숭고 - 원대하고 웅대하고 고상함을 지향
22. 모방 - 베낌, 흉내 내려는 습성
23. 쾌락 - 재미, 유머, 우스꽝스러움, 익살
24. 개성 - 관찰, 호기심 가득한 눈빛
25. 형체 - 형태, 생김새, 사람, 사물에 대한 기억
26. 크기 - 눈으로 양을 잼
27. 무게 - 움직임을 조정하고 균형을 잡음
28. 색깔 - 식별, 색채와 색조와 색의 농담을 비교
하기 좋아함
29. 제도 - 질서, 체계, 규칙 준수, 합의
30. 계산 - 암산, 숫자
31. 지역 - 장소, 위치, 여행을 기억함
32. 우연 - 사실, 사건, 역사를 기억함
33. 시간 - 때, 시각, 날짜를 앎, 시간 엄수
34. 선율 - 음과 애호, 화음을 맞추는 감각, 노래 부르기
35. 언어 - 말, 신호, 행동으로 표현함
36. 인과관계 - 의도, 생각, 사상
37. 비유 - 분석, 추론, 예증
C. 인간성 - 총명함, 동기 인식
D. 상냥함 - 유쾌함, 부드러움, 공손함

문학 속 인물에 대해 심적 표상을 그릴 때 우리는 어떻게 모형을 만들까? *정신세계를 그릴 때는?*

나는 독자에게 계속 질문을 던지고 있다. 소설 속 주인공을 묘사하라고 요구하고 있다. (최근에 다 읽었거나 몇 번이고 다시 읽어서 책 이야기만 해도 마법을 부리듯 어떤 형상이든 머릿속에 툭툭 생생하게 떠올릴 수 있는 책을 논의할 뿐이라고 안심시키면서.) 나는 주인공이 지닌 한두 가지 신체적 특징을 제시하면서 이 문제를 다루고 있다. (이를테면 '그 사내는 키가 작달막하고 머리가 벗겨졌다. 나는 그 *사실*을 아주 잘 알고 있다'라는 식으로.) 뒤이어 그 인물의 성격을 더 길게 공들여 쓴 글을 덧붙인다. '소심하고 불평불만이 가득하며 어딘지 쓸쓸해 보였다' 등등. 나는 그 인물이 지닌 여러 특징을 곰곰이 되짚고 그 모습을 실제 눈에 보이게 묘사해보려고 대개 어느 지점에선 글 읽는 걸 멈추어야만 한다.

다시 말해서 우리는 인물이 생긴 겉모습과 비록 상상이지만 인물이 지닌 속모습을 서로 헷갈려한다.

이리하여 우리 독자는 골상학자가 되어버린다. 생각을 보고 모습을 추정한다.

***

"커다란 코가 위대한 정신을 가늠하는 지표일지 모른다."
— 에드몽 로스탕, 『시라노 드 베르주라크』

벅 멀리건. 이 인물이 기억나는가? 제임스 조이스가 쓴 『율리시스』 도입부에 등장하는 인물이다…….

우리는 벅 멀리건을 '키가 작달막하고 머리가 벗겨졌다'는 점 말고 도 여러모로 잘 안다…….

이렇게나 다양하다.

"얼굴은 "말처럼 길쭉하고" 목살은 축 "처지고" 몸집은 "다부지 고" "건장하며" 머리카락 색은 옅고 이빨은 하얗고 눈동자는 "회 색이 도는 파란색"이고 "안달"을 내고 이따금 얼굴에 홍조를 띠 면 나이보다 어려 보이고 옷차림새는 가운을 걸치고 조끼를 걸치 고 파나마모자를 쓰고는 얼굴을 찌푸리고 "알랑거리며" "상스럽 게 거들먹거리고" "얼굴 가득 웃음을 띠며" "꼬장꼬장하고" "야 비하고" "사제처럼 근엄하고" "둔하고" "쾌활하고" "독실하고" "진지하고" "사탕발림한 악의"로 가득하고……"

이런 표현은 아무리 나열해도 벅 멀리건을 그리는 데 하등 도움이 안 된다. (그 가운데 어떤 표현은 서로 완전히 모순을 이룬다. 이를 테면 '통통하다'면서 '말처럼 길쭉한' 얼굴을 하고 있다.)

벅 멀리건을 서술한 표현을 빌려 우리는 실제로 누구든 그려낼 수 있다. 하지만 벅 멀리건을 정의하는 말은 '당당하고 통통한'과 같이 벅 멀리건을 소개하는 형용사다. 그런데 그림에서는 다르다. 나에 게는 그 표현이 어떤 유형을 가리키는 기호가 된다.

('당당한'이라는 낱말과 '통통한'이라는 낱말은 비슷한 범주에 들어 가기 때문에 낱말 두 개로 특징지을 만큼 뚜렷한 효과를 내며 인물 을 묘사하고 있지 못하지만.)

유형론쯤 될까……

문득 우화가 펼쳐 보이는 풍부한 묘사의 세계를 칭찬하지 않았다는 생각이 든다. (이 풍부한 묘사의 세계는 여러 독자가 소설이나 이야기에서 훌륭하다고 치켜세우는 점과 정확히 대조를 이룬다.) 우화에서는 여러 인물이 몇 가지 유형으로 알기 쉽게 일반화된다.

우화나 옛이야기에서는 인물이나 배경이 밋밋하다. 과감하리만치 평면적이고 희화적인 측면이 있다. 그런 면이 우화라는 이야기 구조와 잘 맞물리며 제 역할을 다한다. 이때 중요한 점은 보편적으로 적용 가능한지의 여부다. 이를테면 세밀한 심리 묘사와는 전혀 다르니까. 하지만 우화를 읽을 때 우리가 여우나 매나 메뚜기나 사티로스나 수사슴으로 변신할 수도 있다는 건 어느 정도 사실이다.

(우화 속 등장인물이나 배경에 정형화된 틀이 보인다는 점은 분명하다. 인물 심리 묘사가 아무리 풍부하더라도, 무대를 아무리 멋지게 그렸더라도 자연을 그대로 모사하는 허구세계는 시각적으로 단조로울 수밖에 없다.)

방랑 기사, 힐러린,
미친 과학자, 악당,
어릿광대, 나이든 무술 고수
탐정, 영웅호걸, 노파, 백인
사냥꾼, 노처녀, 우주
나치, 영웅이 되고 싶지
않은 영웅, 순진무구한 소녀
괴짜, 무정부주의자, 마음씨
고운 매춘부, 기센 아줌마
영혼 없는 교수, 소문난
술주정뱅이, 아리따운 남부
아가씨, 고독한 떠돌이,
난봉꾼, 눈먼 예언자,
도화살 낀 여자,
시골뜨기, 보통 사람,
화성인

온갖 종류의 소설에 등장하는 인물은 전부 눈에 보이는 몇몇 유형뿐일까? 예를 들어 키라든가 몸집이라든가 머리색이라든가 하는 특정한 범주 안에 드는 몇몇 전형뿐일까?

소설을 읽는 나한테는 어째 그럴듯하게 다가오지 않는다. 매력적인 인물은 유일무이하다. 이 독특함은 오로지 그 내면이 독특하기 때문이다. 여러 번 말했다시피 작가는 인물의 생김새를 표현하는데 있어 시시콜콜한 정보를 지레 단념한다. 그래서 한 인물을 다른 인물과 구별하여 각자 독특하고 개성 있게 그리는 데 애를 먹는다. 게다가 시각적인 깊이까지 더해서 인물을 상상해내는 일은 분명 쉬운 게 아니다.

그래도 어찌되었든 인물을 시각적으로 묘사하는 듯 보인다.

"'북미 인디언'은 진짜 문제다. …… 깃털도, 높이 솟은 광대뼈도, 술 달린 바지도 죄다 없애버리고 도끼 대신 총을 쥐여준다. 그러면 도대체 뭐가 남는단 말인가? 내가 바라는 건 스치고 지나가면 그뿐인 긴장감이 아니라 그 긴장감이 형성되는 세계 전체다. 눈과 설피, 비버와 카누, 출정과 원형 천막, 그리고 하이어워사라는 이름이다."
— C. S. 루이스, 『이야기론』

그러면 인물이나 배경은 어떻게 그럴듯한 깊이를 얻는 걸까? 언어로 짓는 집은 어떻게 감각하는 걸까?

마음속에 완벽하게 떠오르는 모습은 어떤 걸까? 도대체 그 모습은 어떨까?

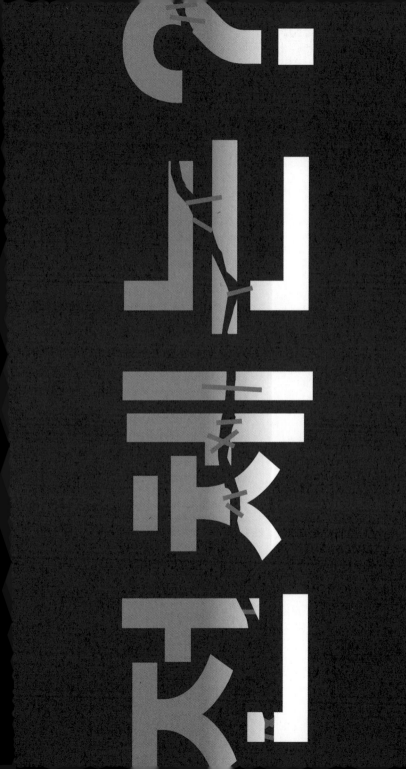

부분과 전체

나는 『일리아드』를 읽고 있다. 그리고 새삼스러워할 일은 아니지만 바로 이 지점에서 호머가 자신이 그린 인물 아킬레스한테 거의 아무런 신체적 특징을 부여하지 않았다는 사실을 깨닫는다. 책을 읽는 동안 내가 아킬레스에 대해 아는 내용은 대부분 추측일 뿐이다.

다행스럽게 내가 아킬레스를 다른 사람으로 착각하지 않도록, 이를테면 파트로클로스와 혼동하지 않도록 아킬레스는 항상 형용구를 달고 나온다. 아킬레스는 "발이 빠른" 인물이다.

이 형용구는 이름표 같다. 호머식 형용구는 독자에게나 시인 자신에게나 똑같이 기억을 돕는 장치다. 아테나 여신에게도 마찬가지로 형용구가 붙는다. 아테나 여신은 '회색 눈'을 하기도 하고 *부엉이 눈*을 하기도 한다. (또 하얀 옷을 입고 무장을 한다.) 그리고 헤라 여신은 '황소 눈'을 하고 있다.

(나는 이 황소 눈이 드러내는 애처로움을 늘 사랑한다. 늘 질투심에 사로잡혀 있는 대로 성질이나 부리며 소리를 지르는 여자로 묘사되는 이 여신에게 연민을 자아내는 심리적 깊이를 더해주기 때문이다.)

이런 다채로운 형용구가 묘사를 죽 늘어놓는 것보다 한마디로 압축해서 인물을 보여준다.

호머식 형용구는 그림을 그리듯 생생하며 게다가 종종 독창적이기까지 하다. 이 점 때문에 호머식 형용구는 한번 그리면 잊기 힘들다.*

***

*예를 들어 '짙은 포도주 빛' 바다는 어떤 풍광일까? 이 주제는 곧잘 논쟁거리가 된다. 짙은 포도주 빛 바다는, 푸르거나 파란 바다이지만 일출이나 일몰 때 햇빛을 받아 장밋빛으로 물든 바다일까? 호머가 보던 바다는 파랬을까? 호머 자신한테만 붉게 보였을까? 그리스인은 파란색을 볼 수 없었을까? 괴테는 자신의 저서 『색채론』에서 고대 그리스인이 색을 정확하게 정의하지 못했다고 쓰고 있다. "새빨간 색 혹은 자주색을 주홍색과 파란색 사이에서 왔다 갔다 하고 어떤 때에는 주홍색으로 어떤 때에는 보라색으로 보는 경향도 있었다." 그렇다면 호머한테 바다는 눈에 '보이는 그대로' '짙은 포도주 빛'이지 않았을까? 아니면 '짙은 포도주 빛'은 시인에게 입에 착 감기는 맛이 있기 때문이었거나 쉽사리 잊히지 않은 형용구이기 때문이었거나?

'회색 눈'이나 '황소 눈'이나 단순히 어떤 심상을 불러일으키는 세부 묘사라고 볼 수 없다. '황소 눈을 한 헤라'라는 말을 들을 때 우리는 눈꺼풀이 두꺼운 눈 한 쌍만 둥둥 떠 있는 모습을 상상하진 않는다.

헤라의 눈은 어느 정도까지 인물 전체를 대변한다. 그 두 눈은 헤라를 이루는 *부분*으로 헤라라는 전체성을 대신하는 표현물이다. 헤라의 눈은 이른바 '환유'의 한 예가 된다. 환유는 비유적 표현으로 어떤 사물이나 생각을 밀접한 관계가 있는 다른 사물이나 생각의 명칭을 빌려서 부르는 것이다. 일반적으로 관계가 있는 낱말이 돋보인다. 예를 들면 펜타곤처럼……

……건물 자체를 가리킬 수 있지만 더 중요한 의미는 그 건물에 깃든 미 군사 지도력을 가리킨다는 점이다. 그 건물은 별명과 비슷하다. 서로 관련이 있고 쉽사리 연상되는 개념이라서 국방부를 *대신하는* 표현이 된다. 비슷하게 '백악관'이라는 표현이 대통령 보좌진 전체를 가리키기도 하지만 렌즈를 더 뒤로 당겨 '워싱턴'이라는 표현은 미 정부 전체를 가리킨다. 여기서 구체적인 사실은, 즉 지리적인 위치나 건물은 훨씬 더 복잡하고 까다로운 생각을 대신하는 표현물이 되는 셈이다.

***

헤라의 눈은 환유의 한 예다…….

하지만 더 구체적으로 말하면 헤라의 눈은 *제유*의 예다. 제유는 부분으로 *전체*를 가리키는 환유다.

다른 예를 들어보면, 일꾼이나 선원은 '손'이 될 수 있다.

"남는 손이 있으면 모두 갑판으로 집합!"

아니면 "튼실한 다리라도……"

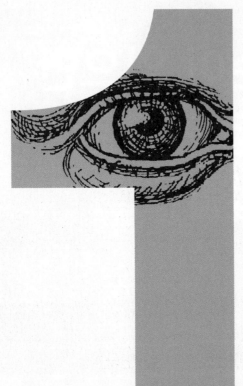

헤라의 눈은 원자로 이루어져 있으며 그 원자가 모여 더 커다랗고 복잡한 분자를 이룬다. 살아 있는 사람을 서로 분리된 구성 요소가 합쳐진 집합체라고 여기지 않듯이 소설 속 인물도 각 부분이 모여 이루어진 결합물이라고 생각하지 않는다. 살아 있는 사람이든 소설 속 인물이든 전체로, 즉 독립적으로 통일된 개체라 여긴다.

나는 나 자신을 '하나'로 여기지 '다수'로 여기지 않는다.

안나 카레니나의 경우에는 '빛나는 회색 눈'이 안다. 안나 카레니나를 이루는 부분이라고 우리가 뚜렷하게 파악할 수 있다. 그 두 눈은 헤라의 눈과 닮았고 대유적인 표현이며 곧 안나한테 꼬리표처럼 붙는 형용구이기도 하다.

은유처럼 환유도 어느 정도 타고난 언어능력이라고들 생각한다. 보통 인간이 인식하는 능력 가운데 훨씬 더 근본적인 측면을 이룬다고도 본다. *부분과 전체의 관계*를 이해하는 능력은 매우 중요한 도구로서 세계를 이해하고 그 이해를 바탕으로 다른 세계와 소통할 수 있게 한다. 우리는 형체를 갖춘 생물로 물질적인 여러 형태, 즉 여러 조직으로 구성되어 있다. 그리고 그 조직 역시 여러 부분으로 이루어져 있다. 몸을 갖고 태어난다는 건 이런 관계에 대한 감각, 즉 제유에 대한 감각을 자연스럽게 추상화할 능력을 갖고 태어난다는 의미다.

(손톱을 보자. 어떤 의미에서 여러분은 이 손톱이다. 하지만 손톱은 여러분을 이루는 한 부분이기도 하다.)

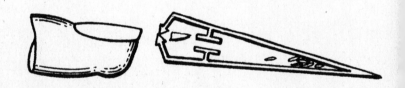

부분에서 전체를 추론하는 타고난 이 능력은 근본적이면서 재귀적이다. 부분과 전체 사이의 구조를 이해하기 때문에 우리는 인물을 볼 수 있으며 이야기를 볼 수 있다. 그 이해를 토대 삼아 우리는 이 세계 속에서 정신적으로나 육체적으로 제 역할을 다할 수 있다.

***

부분을 전체로 여기는 건 치환과 비슷하다.

환유처럼 은유와 비유 역시 치환이다.

세익스피어의 희곡에서 로미오가 줄리엣을 태양에 빗댔을 때 로미오는 줄리엣이 태양 같다고 비유한 것이기도 하지만 줄리엣은 태양이다, 라고 줄리엣을 태양으로 대체한 것이기도 하다. 그런 이유로 로미오는 은유를 사용해서 더 생생하게 자기표현을 드러내고 다른 관계, 즉 추상과 구체 사이의 관계를 이해한 것인지도 모른다. 다른 예를 들어보면 로미오는 로절린을 달과 같다고 한다. 은유된 줄리엣이 '줄리엣'이라는 인물, 인격을 부여받은 존재로 너무나도 복잡다단해서 머릿속에서는 전체를 아우를 수 없는 '줄리엣'이라는 인물을 대체한다. 줄리엣은 태양이 되면서 또 다른 이름표가 붙은 것이다.

이 책에서 쓴
은유 가운데
몇몇은
독서 체험을
표현했는데
다음과 같다.

무지개	환영
화살	칼
원자	대출한 책
청중	선
오로라	잠긴 방
욕조	돋보기
다리	지도
카메라	미로
촛불	은유
만화	현미경
자동차 여행	모형 제작
의자	분자
시계	음악
안뜰	오케스트라
동전	심리요법
컴퓨터 프로그램	퍼즐
지휘자	종교적인 현현
시합	강
둑	길
꿈	이정표
눈	롤플레잉 게임
내면의 눈	로르샤흐 잉크 반점
눈꺼풀	규정집
핏줄	스케치
영화	집중 조명
안개	교과서
역할	벡터
깔때기	비디오 게임
체스	산책
물잔	벽
안경	포도주

형용구와 은유는 이름이 아니다. 그렇다고 묘사는 더더구나 아니다. 이런 형용구와 은유는 작가가 인물을 표현하려고 고른, 인물을 구성하는 어떤 측면으로 매우 중요하다. 작가는 이런 방법을 써서 더 풍부하게 자신이 만든 인물을 *정의한다*. 벅 멀리건이 "당당하고 통통한" 인물이라면 그럴 만한 중요한 이유가 있을 것이다.

말했다시피 이렇게 형용구로 꾸미는 방법은 실제 우리 주위에 있는 사람을 명확하게 특징짓는 데에도 통할 수 있다. 우리는 사람이 지닌 자질을 눈에 잘 띄는 곳에 놓는다. 즉 그 사람을 이루는 한 부분을 '맨 앞에' 두고는 그 부분으로 충분하다고 여긴다. (친구가 한 명 있는데 그 친구를 떠올릴 때마다 나는 그 친구의 안경만 보인다.)

그래서 나는 궁금하다……

우리가 달리 무엇을 할 수 있을까?

그런 도구가 없었다면, 세계가 우리한테 풍부하게 그리고 정교하게 온갖 정보를 담은 실마리를 끊임없이 제공해왔어도 아마 절름발이 신세를 면치 못했을 것이다.

정고하게

정고하게

정보를 담은

이 신세

그리고 정

담은

를 담은

보를 담

절름발이 이 신세

흐릿할 뿐이다

우리가 책을 읽듯 세상을 읽어나갈 때, 세상은 조각난 파편으로 이루어져 있을 뿐이다. 서로 연결되지 않은 암시가 여기저기 따로따로 흩어져 있다.

(우리 인간도 그렇다. 함께 일하는 동료도, 배우자도, 부모도, 아이도, 친구도 다 그렇다.)

우리는 책을 읽듯 읽음으로써, 형용구를 붙여줌으로써, 은유와 제유와 환유를 씀으로써 우리 자신과 우리를 에워싸고 있는 파편을 인식한다. 세상에서 가장 깊이 사랑하는 사람에게조차 그렇게 한다. 흩어져 있는 조각과 대체물로 사랑하는 사람을 읽는다.

우리에게 세계는 여전히 쓰이고 있는 작품이다. 조각을 서로 대강 끼워 맞추면서, 시간이 지나 자연스레 한데로 합치기도 하면서 우리는 우리가 받아들인 세계를 비로소 이해하는 것이다.

우리가 아는 건 그렇게 통합한 전체다. (이것이 우리가 아는 전부이기도 하다.)

그리고 그러는 내내 우리는 이 전체를 한 점의 의심도 없이 믿을 뿐이다. 우리가 보는 허구의 세계를.*

---

*시각도, 즉 두 눈으로 보는 시각도 따지고 보면 허구다. 왼쪽 눈과 오른쪽 눈으로 따로따로 보는 세계를 합친 통합된 전체일 뿐이다. 우리가 자기 코를 쳐다볼 때만 제외하고.

환영
가짜
흔적
파편
잔해
……

세계를 파악할 때, 다시 말해 세계를 이루며 우리에게 쉽게 읽히는 부분을 파악할 때 우리는 한 번에 한 가지씩만 파악할 수 있다. 우리 의식은 세계를 구성하는 조각을 하나하나 따로 자각한다. 그래서 우리 의식이 자각하는 내용이 무엇인지 우리는 알지 못한다. 세계를 겪고 나서 그 경험을 바탕으로 이미 존재하는 세계가, 우리 기억이나 생각이나 기질 등등으로 스스로 물들여놓은 세계가 뒤죽박죽 섞여 있다고 미루어 짐작할 뿐이다.

작가는 경험을 감독하는 사람이다. 세계를 메운 소음을 거르고 그 속에서 가장 순수한 신호를 잡아낸다. 무질서 속에서 이야기를 짠다. 작가는 이 이야기를 책이라는 형태로 꾸며 신비로운 방식으로 책 읽는 경험을 주관한다. 하지만 작가가 독자한테 제공하는 정보가 아무리 순수하더라도, 작가가 아무리 부지런하게 거르고 빈틈없이 재현하더라도 독자는 머릿속으로 분석하고 검토하며 분류하는, 이미 정해진 임무를 그대로 이어간다. 우리 머리는 책을 걸러지지 않은 또 다른 신호처럼, 암호로 된 수많은 신호처럼 다룬다. 즉 작가가 쓴 책도 독자한테는 결국 소음 비슷하게 되어버린다.

우리는 작가가 그린 세계를 될 수 있는 한 많이 받아들인다. 그리고 그 내용을 이미 우리 안에 담고 있던 내용과 뒤섞어버린다. 책을 읽는 동안 머릿속에 자리한 증류기를 통과시키면서 서로 뒤섞어 연금술을 쓴 것처럼 독특한 무엇을 생성한다. 나는 독서가 그런 '효과를 낳는다'고 말하고 싶다.

독서는 우리 스스로 세상을 알아가는 과정을 거울처럼 비춰준다. 그렇다고 우리 이야기가 세상에 대한 참모습을 반드시 알려주는 것은 아니다. 물론 알려줄 가능성이 전혀 없진 않지만, 오히려 독서라는 행위가 의식 그 자체인 것처럼 느끼고 의식 그 자체처럼 *되어버린다*. 결함투성이에다 조각조각 흩어져 있고 애매모호하면서도 서로 힘을 합쳐 새로운 지평을 모색하는.

***

삶이라는 풀 길 없는 수수께끼들 사이에 이 사실이 놓여 있다. 세계는 있는 그대로 자신을 내보여준다. 우리는 그런 세계를 읽지만 이음매도 틈새도 결함도 보지 못한다.

우리는 단 하나도 놓치지 않고 지금 여기에 이르렀다.

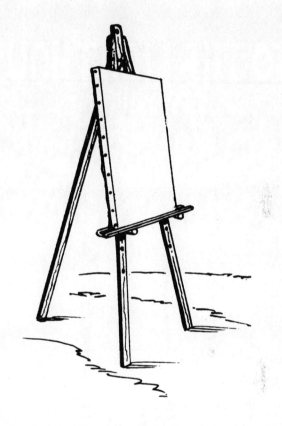

다시 『등대로』로 돌아가보자.

릴리 브리스코가 잔디밭에서 그림을 그리고 있다.

TO THE LIGHTHOUSE

VIRGINIA WOOLF

릴리 브리스코가 그리는 그림은 추상적으로 여러 의미를 지니는데, 우선 작가든 시인이든 작곡가든 자꾸 빠져나가는 이 세계를 재현하려는 일반적인 창작활동에 대해 버지니아 울프가 쓰는 주된 은유적인 표현이다. 그리고 더 구체적으로 그 그림은 버지니아 울프가 쓴 『등대로』라는 책을 비유한다.

릴리 브리스코가 그린 그 광경은 어떤 모습일까? 램지 부인과 제임스와 집과 창문을 어떻게 담아냈을까?

하지만 그림은 꼭 램지 부인과 아들을 그린 게 아니라고 릴리 브리스코는 말했다. 적어도 뱅크스 씨가 보기에는 아니었다. 다른 방식으로도 두 사람에게 경의를 표할 수는 있었다. 가령 이쪽은 어둡게 저쪽은 밝게 하는 식으로. 어렴풋이 드는 생각이지만 그림이 두 사람에게 바치는 찬사여야 한다면 자신이 바치는 찬사는 그런 형태를 띠었다. 엄마와 아들은 불경스럽지 않게 거무스름한 덩어리 하나로 환원할 수 있었다.

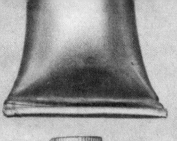

우리는 환원한다.

작가는 글을 쓸 때 환원하고 독자는 책을 읽을 때 환원한다. 우리 뇌는 환원하고 대체하고 상징하도록 되어 있다. 그럴듯한 신빙성은 가짜 우상일 뿐 아니라 다다를 수 없는 고지다. 그래서 우리는 환원한다. 존중하지 않기 때문에 환원하는 게 아니다. 우리는 그렇게 세계를 파악한다. 인간이라서 그렇게 할 수 있다.

이야기를 상상하는 건 결국 환원하는 과정이다. 환원한 빈자리에 우리는 의미를 새로 채운다.

이렇게 환원한 세계가 우리가 보는 세계다. 책을 읽을 때 우리가 보는 세계이며 세계를 읽을 때 우리가 보는 세계다.

책을 읽는 행위가 그 무엇과 비슷해 보인다면 환원한 세계야말로 독서와 가장 비슷하다.

***

릴리 브리스코는 그림을 그린다.

그리고 릴리 브리스코는 바깥세계를 점점 의식하지 못했다. 자기 이름도 자기 존재도 자기 모습도 카마이클 씨가 저기 있는지 없는지도 의식하지 못했다. 저 깊은 어딘가에서 스치듯 지나가는 장면에서, 서로 부르는 이름에서, 주고받은 말에서, 몰아치는 기억과 상념에서 어떤 마음이 마구 솟구치고 있었다. 눈부시게 환하고 지나치게 까다로운 하얀 공간 위로 샘처럼 뿜어져 나오고 있었다. …… 하지만 이렇게 사람을 알아가는 거라고 릴리는 생각했다. 윤곽을 아는 것이다. 세세한 내용이 아니라.

윤곽을 아는 것이다. 세세한 내용이 아니라.

저기 있었다. 자신이 그린 그림이. 그렇다. 온통 녹색과 청색에
선은 위아래로 좌우로 쓱쓱 내달리며 무언가를 그리려는 듯 보
였다. …… 릴리 브리스코는 계단을 바라보았다. 휑하니 비어
있다. 다시 캔버스로 눈길을 돌렸다. 흐릿할 뿐이다.

***

흐릿할 뿐이다.

***

감사의 말

많은 분께 고마움을 전합니다. 특히 렉시 블룸, 제프 알렉산더, 피터 테르지언, 앤 메시테, 벤 샤이킨드, 글렌 커츠, 제니 포치, 소니 메타, 브리짓 카레이, 마이클 실버버그, 댄 캔터, 피터 피첼, 러셀 페로, 클라우디아 마르티네즈, 톰 폴드, 댄 프랭크, 바버라 리처드, 로즈 파, 페이지 스미스, 메건 윌슨, 캐럴 카슨, 토니 키리코, 케이트 런드, 스티븐 맥냅, 제이미 드파블로스, 루앤 월터, 퀸 오닐, 마이크 존스, 빈티지북스의 모든 식구, 제니퍼 올슨, 파블로 델칸, 올리버 먼데이, 카던 웹, 데이비드 와이크, 맥스 펜션, 아서 단토, 월리스 그레이에게 고마운 마음을 전합니다. 첫 독자이자 늘 아낌없이 응원을 보내는 주디 멘델선드와 리사 멘델선드, 그리고 항상 함께하는 칼라에게도 고마운 마음을 전합니다.

마지막으로 책 표지 디자이너들. 예술가와 출판 전문인을 비롯해서 허드렛일도 마다하지 않고 언제나 함께하는 사람들이 자유롭게 모여 일하고 있습니다. 여러분과 함께 일할 수 있어서 자랑스럽습니다.

저작권

옮긴이 김진원

이화여대에서 국어국문학을 공부했다. 사보 편집기자로 일했으며 환경단체에서 텃밭교사로도 활동했다. 어린이도서관 자원봉사활동을 하면서 어린이와 청소년 책에 관심을 갖게 되어 현재 '어린이책 작가교실'에서 글공부를 하고 있다. '한겨레 어린이 청소년책 번역가그룹'에서 활동했으며 『세상 모든 꿈을 꾸는 이들에게』『학교여, 춤추고 슬퍼하라』『10대에 영화감독이 되고 싶은 나, 어떻게 할까?』 등을 우리말로 옮겼다.

책을 읽을 때
우리가 보는 것들

1판 1쇄   2016년 9월 6일
1판 2쇄   2016년 11월 3일

지은이   피터 멘델선드
옮긴이   김진원
펴낸이   강성민
편집장   이은혜
편집   장보금 박세중 이두루 박은아 곽우정
디자인   엄자영
편집보조   조은애 이수민
마케팅   정민호 이연실 정현민 김도윤 양서연
홍보   김희숙 김상만 이천희

펴낸곳   (주)글항아리 | 출판등록 2009년 1월 19일 제406-2009-000002호

주소   10881 경기도 파주시 회동길 210
전자우편   bookpot@hanmail.net
문의전화   031-955-8891(마케팅) 031-955-1936(편집부)
팩스   031-955-2557

ISBN 978-89-6735-362-9 03100

글항아리는 (주)문학동네의 계열사입니다.

• 이 도서의 국립중앙도서관 출판예정도서목록(CIP)은 서지정보유통지원시스템 홈페이지(http://seoji.nl.go.kr)와 국가자료공동목록시스템(http://www.nl.go.kr/kolisnet)에서 이용하실 수 있습니다.(CIP제어번호: CIP2016019506)

"레빈은 초상화를 응시했다. 초상화는 조명을 환하게 받고 있어 그림틀에서 도드라져 보였다. 그래서인지 눈길을 뗄 수 없었다. ……그림이 아니라 매력이 넘쳐흐르는 살아 있는 여인이었다. 검은 머리카락은 구불거리고 어깨와 팔은 드러나고 깊은 생각에 잠긴 듯 미소를 띤 입술은 입꼬리를 살포시 내려뜨렸다. 안나가 당당하고 부드럽게 자신을 내려다보고 있자 레빈은 당혹스러웠다. 살아 있는 여느 여인보다 더 아름답다는 이유 하나만으로도 안나는 살아 있는 사람이 아니었다."

— 『안나 카레니나』